Michael Ignatieff

Die Politik der Menschenrechte

Aus dem Englischen übersetzt
von Ilse Utz

Europäische Verlagsanstalt

RATIONEN
Herausgegeben von Otto Kallscheuer

Die Deutsche Bibliothek – CIP-Einheitsaufnahme

Ein Titeldatensatz für diese Publikation ist bei
Der Deutschen Bibliothek erhältlich

© der deutschsprachigen Ausgabe
Europäische Verlagsanstalt | Sabine Groenewold Verlage,
Hamburg 2002
Originaltitel: Human Rights as Politics and Idolatry
Erschienen bei Princeton University Press, 2001
Umschlagkonzept: Meta Design, Berlin
Umschlaggestaltung und Illustration: Typoly, Berlin
Signet: Dorothee Wallner nach Caspar Neher »Europa« (1945)
Herstellung: Das Herstellungsbüro, Hamburg
Satz: Greiner & Reichel, Köln
Druck und Bindung: Fuldaer Verlagsagentur
Printed in Germany
Alle Rechte vorbehalten
ISBN 3-434-50527-X

Informationen zu unserem Verlagsprogramm finden Sie
im Internet unter www.europaeische-verlagsanstalt.de

INHALT

  7 Einleitung von Amy Gutmann

28 Menschenrechte als Politik

74 Menschenrechte als Fetisch

115 Anmerkungen

EINLEITUNG

von Amy Gutmann

»Niemand darf [...] grausamer, unmenschlicher oder erniedrigender Behandlung oder Strafe unterworfen werden.« Diese Aussage des Artikels 7 des Internationalen Paktes über bürgerliche und politische Rechte ist ein Teil dessen, was Michael Ignatieff »die juristische Revolution« seit 1945 auf dem Gebiet der Menschenrechte nennt. Andere wichtige internationale Dokumente dieser Revolution sind die Genfer Konvention von 1948, die überarbeitete Genfer Konvention von 1949 und die Genfer Flüchtlingskonvention von 1951.

Übereinkommen ohne Schwerter sind nur Worte, so der berühmte Satz von Thomas Hobbes. Was ist das für eine Revolution, die durch so viele Worte gekennzeichnet ist, hinter denen keine Schwerter stehen? Der internationale Pakt über bürgerliche und politische Rechte ist im Gegensatz zur ursprünglichen Allgemeinen Erklärung der Menschenrechte für die einzelnen Staaten rechtlich bindend. Ein Menschenrechtsausschuß hat die Befugnis, Menschenrechtsverletzungen, die ihm zur Kenntnis gebracht werden, zu verurteilen. Der rechtliche bindende Charakter dieses und anderer Menschenrechtsverträge ist ein weiterer Hinweis darauf, daß in Sachen Menschenrechte tatsächlich eine Revolution stattgefunden hat. Wenn man sagt, Menschenrechte stellten etwas rechtlich Bindendes dar, ist damit allerdings nicht gesagt, daß es eine übergeordnete Instanz gäbe, die die Macht hätte, souveräne Staaten zu zwingen, nach Recht und Gesetz zu handeln. Aus diesem und aus vielen anderen Gründen ist die Menschenrechtsrevolution bei weitem noch nicht abgeschlossen, und es wird weithin, insbesondere außerhalb der mittlerweile hoch organisierten Menschenrechtsbewegung, bezweifelt, ob sie ihre Ziele überhaupt wird erreichen können. Zudem ist weder klar noch in Theorie und Praxis der Verteidigung der Menschenrechte im internationalen Maßstab eindeutig formuliert, was als eine erfolgreiche Vollendung gelten könnte.

Daher beginnt dieses Buch mit den grundlegendsten Fragen in bezug auf die den Menschenrechten innewohnende politische Moral. Was ist der Zweck der Menschenrechte? Welchen Inhalt sollten sie haben? Wann machen Menschenrechtsverletzungen eine Intervention über nationale Grenzen hinweg erforderlich? Gibt es nur eine einzige moralische Begründung der Menschenrechte, die viele Kulturen umspannt, gibt es je nach den verschiedenen Kulturen eine Vielzahl von moralischen Begründungen oder gibt es vielleicht gar keine? In welchem Sinne sind Menschenrechte – wenn überhaupt – universell? Das sind schwierige und wichtige Fragen, die durch die Menschenrechtsrevolution aufgeworfen und von Michael Ignatieff behandelt werden. Seine Aufsätze wurden erstmals im Jahre 2000/2001 im Rahmen der Tanner Lectures on Human Values an der Princeton University unter der Schirmherrschaft des Princeton's University Center for Human Values vorgetragen.

Wenn wir mit der grundlegendsten Frage beginnen – was ist der Zweck der Menschenrechte? –, wird sogleich deutlich, wie schwer es ist, sich auf eine einzige Antwort zu einigen. Nicht so deutlich ist, daß es gar nicht nötig ist, zu einer einzigen Antwort zu kommen. Die Menschenrechte können vielen Zwecken dienen, und diese Zwecke lassen sich auf vielerlei Weise ausdrücken, und zwar nicht nur über unterschiedliche Gesellschaften und Kulturen hinweg, sondern auch in ihnen selbst. Keine Kultur von Bedeutung gibt auf diese Frage nur eine einzige Antwort. Daß es viele gute Antworten auf eine Frage geben kann, die von so großer praktischer Relevanz ist wie die nach dem Zweck der Menschenrechte, sollte uns nicht daran hindern, nach der besten Antwort zu streben, vor allem, wenn diese Antwort viele Menschen anspricht, so wie es Ignatieffs Auffassung von den Menschenrechten tut.

Laut Ignatieff besteht der Zweck der Menschenrechte darin, die

Fähigkeit der Menschen zum eigenverantwortlichen und selbstbestimmten Handeln und somit die Menschen vor Übergriffen und Unterdrückung zu schützen. Die Menschenrechte schützen den Kern der negativen Freiheit, nämlich die Freiheit von Übergriffen, Unterdrückung und Grausamkeit. Dies ist der Ausgangspunkt komplexer Überlegungen über Zweck und Inhalt der sich herausbildenden internationalen Menschenrechtsordnung. Doch selbst dieser Ausgangspunkt ist komplizierter – und umstrittener –, als es auf den ersten Blick erscheinen mag. Der Schutz des eigenverantwortlichen Handelns und der Schutz der Menschen vor Übergriffen und Unterdrückung läßt sich nicht einfach (oder ausschließlich) als negative Freiheit, also als Freiheit *von* Einmischung definieren. Auch wird der Kern der Menschenrechte nicht allein durch negative Freiheiten konstituiert. Das Recht auf einen gesicherten Lebensunterhalt ist für die Handlungsfähigkeit der Menschen ebenso wichtig wie das Recht auf Schutz vor Folter. Das Recht auf einen gesicherten Lebensunterhalt ist keine negative Freiheit, so wie es das Recht auf Schutz vor grausamer und unmenschlicher Bestrafung ist. Hungernde Menschen sind ebenso wenig handlungsfähig wie Menschen, die eine grausame und unmenschliche Bestrafung erleiden müssen. Die Aufnahme des Rechts auf einen gesicherten Lebensunterhalt in den Menschenrechtskanon war folglich ein bedeutsamer Schritt auf dem Weg zu einem internationalen Menschenrechtsübereinkommen.

Besteht eine wichtige Funktion der Menschenrechte darin, die Fähigkeit der Menschen zum eigenverantwortlichen Handeln zu schützen, und bestehen die diesbezüglichen Rechte auch nicht ausschließlich aus negativen Freiheiten, so haben wir laut Ignatieff heute noch immer die Situation, daß eine Menschenrechtsordnung nicht den Anspruch erhebt – oder realistischerweise danach streben kann –, im moralischen Sinne umfassend zu sein. Die Durchsetzung der Menschenrechte auf internationaler Ebene gewährleistet nicht, daß jeder, dessen Rechte wirksam geschützt werden, ein glückliches oder auch nur ein (moralisch oder nicht-moralisch) gutes Leben hat. Wenn Menschenrechte respektiert und durchgesetzt werden, sind sie wirksame Instrumente zum Schutz von Personen vor Übergriffen, Grausamkeit, Unterdrückung, Erniedrigung und dergleichen. Dieser Zweck der Menschenrechte – den Ignatieff pragmatisch nennt, womit nicht geleugnet werden soll, daß er in seinem Kern moralischer Natur ist (so wie der Pragmatismus eine moralische und eine politische Philosophie darstellt) – kann eine Richtschnur für die inhaltliche Ausgestaltung einer Menschenrechtsordnung sein. Menschenrechtsorganisationen – sowohl auf staatlicher als auch auf nicht-staatlicher Ebene – sollten nicht versuchen, Menschenrechte über das hinaus auszudehnen, was zum Schutz von Personen als zielgerichtet Handelnden notwendig ist, und sie sollten auch nicht versuchen, einen vergleichbaren grundlegenden Zweck der Menschenrechte zu verwirklichen (wie etwa die Würde der Menschen, was Ignatieff ablehnt und worauf ich noch zurückkommen werde). Eine Ausdehnung der Menschenrechte auf Rechte, die nicht unbedingt für den Schutz des selbstbestimmten Handelns, der Grundbedürfnisse und der Würde des Menschen erforderlich sind, tut dem Zweck der Menschenrechte Abbruch und schwächt dementsprechend die Entschlossenheit derjenigen, die potentiell bereit sind, diese Rechte durchzusetzen.

Durch eine Ausdehnung der Menschenrechte wird es auch schwieriger, die für die Wirksamkeit einer internationalen Menschenrechtsordnung notwendige breite interkulturelle Zustimmung zu gewinnen. Wenn Menschenrechte ein pragmatisches politisches Instrumentarium sind, sollten Menschenrechtsordnungen nicht nach umfassenderen Formulierungen, sondern nach Effizienz streben. Menschenrechte sollten nicht als Garantie für soziale Gerechtigkeit oder als Ersatz für umfassende Konzeptionen des guten Lebens aufgefaßt werden. Der Schutz vor grausamer, unmenschlicher und erniedrigender Behandlung – der mit vielfältigen Ausgestaltungen der Menschenrechte vereinbar ist – wird weithin als der Kern einer Menschenrechtsordnung betrachtet. Wenn der Schutz vor Grausamkeit und Erniedrigung – die Freiheit von Übergriffen, die die Person beschädigen, und die Freiheit, ein menschenwürdiges Leben zu führen – keine Menschenrechte sind, dann könnte man sagen, daß nichts ein Menschenrecht ist. Und es gibt natürlich Stimmen, die sagen, daß nichts ein Menschenrecht ist, was allerdings nicht bedeutet, daß diese Stimmen recht haben oder daß es vernünftige Gründe für die Behauptung gäbe, Menschenrechte existierten nicht. An Menschenrechte zu glauben, impliziert nicht die Annahme, diese existierten unabhängig von menschlichen Zielsetzungen. Menschenrechte sind ein wichtiges Instrumentarium zum Schutz der Menschen vor Grausamkeit, Unterdrückung und Erniedrigung. Nur davon müssen wir überzeugt sein, um die Menschenrechte zu verteidigen. Viele Menschen haben weitergehende Auffassungen von den Menschenrechten, beispielsweise die, daß sie gott- oder naturgegeben seien. Welchen Ursprung man ihnen auch zuschreibt, am Zweck des Engagements für die Menschenrechte ändert sich dadurch nicht allzu viel.

Doch muß eine Menschenrechtsordnung allein auf den Schutz negativer Freiheiten beschränkt werden (beziehungsweise sich selbst darauf beschränken), um wirksam zu sein, internationale Zustimmung zu gewinnen und international durchsetzbar zu sein, wie Ignatieff meint? Das bezweifle ich angesichts der vorgebrachten Argumente (von denen viele auch von Ignatieff selbst vertreten werden), des Ursprungs der Allgemeinen Erklärung der Menschenrechte und der offenkundigen Notwendigkeit, das Recht auf einen gesicherten Lebensunterhalt (das, streng genommen, keine negative Freiheit darstellt) in den Menschenrechtskatalog aufzunehmen, um internationale Zustimmung zu den meisten Menschenrechtsdokumenten zu gewinnen. Das Recht auf einen gesicherten Lebensunterhalt und auf politische Grundfreiheiten (das Recht auf ein ordentliches Gerichtsverfahren, Schutz vor willkürlicher Verhaftung) ist keine negative Freiheit, sondern ebenfalls ein notwendiges Element der Behandlung von Menschen als absichtsvoll handelnde Subjekte und ihres Schutzes vor Erniedrigung, zu der zweifellos auch bitterste Armut gehört. Eine Menschenrechtsordnung muß vermeiden, über annehmbare und vertretbare Bestrebungen hinauszugehen. Doch sie muß auch einen Minimalismus vermeiden, der so eng gefaßt ist, daß die schwächsten und bedürftigsten Menschen nicht die minimalen Rechte bekommen, die ihnen ein Leben ermöglichen, das nach allen vernünftigen Maßstäben und in einem elementaren Sinn als menschenwürdig betrachtet werden kann. Hungernden Menschen ist die Möglichkeit verwehrt, ihr Leben selbst zu bestimmen. Ihnen ist ihre Menschenwürde genommen, und sie werden erniedrigt. Sie werden nicht als Subjekte behandelt, die ein menschenwürdiges Leben führen. Es gibt noch viele andere Möglichkeiten, die krasse Ungerechtigkeit zu beschreiben, die hungernden Menschen heute in einer Welt angetan wird, in der Hunger vermeidbar ist und Abhilfe geschaffen werden kann, wenn er auftritt. Was als minimaler Menschenrechtskatalog zu gelten hat, ist zwangsläufig umstritten, und für seine Durchsetzung ist ein breiter Konsens notwendig. Doch es gibt gute Gründe für die Annahme, daß eine wirksame Menschenrechtsordnung ebenso Rechte in bezug auf die materielle Existenz wie bestimmte negative Freiheiten zu gewährleisten hat.

Ein anderer Grund für die Frage, ob wir Menschenrechtsordnungen auf minimale Standards beschränken sollten, ist der Umstand, daß selbst den minimalistischsten Formulierungen der Menschenrechte die Probleme von Zustimmung, Interpretation und Durchsetzbarkeit innewohnen. »Minimal« ist nicht gleichbedeutend mit »maximaler Konsens« oder »leichteste Durchsetzbarkeit«. Es kann sein, daß man eher Zustimmung zu einem Menschenrechtskatalog gewinnt, der den Schutz negativer Freiheiten mit dem Recht auf einen gesicherten Lebensunterhalt und möglicherweise sogar mit anderen Wohlfahrtsrechten verbindet, als wenn man auf der Beschränkung der Menschenrechte auf ausschließlich negative Freiheiten besteht. Ignatieff besteht zwar nicht darauf, aber er sagt wiederholt, der Schutz der Fähigkeit zum selbstbestimmten und eigenverantwortlichen Handeln könne nur negative Freiheiten begründen. Ich meine hingegen, daß der Schutz dieser Fähigkeit mehr als nur negative Freiheiten begründet. Doch meine Auffassung ist nur eine von vielen, die zur Verteidigung von Rechten in bezug auf die materielle Existenzsicherung (und vielleicht auch von noch mehr Rechten) als Bestandteil einer weder minimalistischen noch maximalistischen Menschenrechtsordnung vorgebracht werden können. Obwohl der Minimalismus bestechend ist, ist keineswegs klar oder selbst von wohlmeinenden Menschen anerkannt, was als minimaler Menschenrechtskatalog zu gelten hat. Sogar die Mittel, mit denen Menschen vor »grausamer, unmenschlicher oder erniedrigender Bestrafung« geschützt werden sollen, sind verständlicherweise umstritten. Wenn die Taliban Frauen wegen Ehebruch steinigen, stellt dies eindeutig eine Verletzung des Menschenrechts auf Schutz vor grausamer, unmenschlicher und erniedrigender Bestrafung dar. Aber verletzen nicht auch die Vereinigten Staaten elementare Menschenrechte, wenn ihr Rechtssystem Menschen zum Tod verurteilt? Stellt die Todesstrafe, so wie sie heute in den Vereinigten Staaten praktiziert wird, eine Menschenrechtsverletzung nach Artikel 7 dar? Um diese Frage zu bejahen, muß man die Todesstrafe nicht mit den abscheulichen Taten der Taliban gleichsetzen. Und um sie zu verneinen, muß man kein Befürworter der Todesstrafe oder alles andere als ein scharfer Kritiker dieser Praxis sein. Dieses Beispiel macht deutlich, wie problematisch es ist, selbst einen minimalen Menschenrechtskatalog aufzustellen. Wenn die Todesstrafe einen Verstoß gegen elementare Menschenrechte darstellt, dann kann man nicht sagen, daß ein minimaler Menschenrechtskatalog unumstritten oder international besonders gut durchsetzbar sei. Die amerikanische Regierung ist berühmt – beziehungsweise berüchtigt – dafür, daß sie die Legitimität der Durchsetzung der Menschenrechte, sofern sich diese gegen ihre eigene Autorität richtet, mit der Begründung ablehnt, diese Autorität gründe in der »Zustimmung der Regierten« zur Souveränität einer verfassungsmäßig-demokratischen Regierung. Das Beispiel der Todesstrafe zeigt, daß die Souveränität einer verfassungsmäßig-demokratischen Regierung keinen Schutz vor der Tyrannei der Mehrheit oder der Minderheit darstellt. (In Demokratien herrscht oftmals nicht die Mehrheit.) Auch bleibt offen, ob eine Menschenrechtsordnung, die etwas mehr als minimale Rechte umfaßt, bessere oder schlechtere Aussichten auf internationale Zustimmung und Durchsetzung hätte.

Ein ebenfalls gravierendes Problem für die Anerkennung von Menschenrechten auf internationaler Ebene – das an der Tatsache ablesbar ist, daß sich viele Gesellschaften entweder nicht an alle oder nicht an bestimmte Menschenrechte gebunden fühlen – ist das Streben nach nationaler Unabhängigkeit. Nationale Unabhängigkeit wird häufig von einem nach Selbstbestimmung strebenden »Volk« als ein Menschenrecht beansprucht. Ignatieff weist zutreffend darauf hin, daß nationale Unabhängigkeit ein zweischneidiges Schwert ist. In den Rang eines allgemeinen Menschenrechts erhoben, wird nationale Unabhängigkeit als das Recht auf kollektive Selbstbestimmung aufgefaßt. Dies wirft die Frage auf, ob kollektive Selbstbestimmung zu einem minimalen Menschenrechtskatalog gehören sollte, weil sie an sich (für ein nach Selbstbestimmung strebendes »Volk«) wertvoll ist oder weil sie ein Instrument ist (das Menschenrechte sein sollten), mit dem die Menschen, die zusammen eine Gesellschaft bilden, vor den schlimmsten Grausamkeiten geschützt werden können, die politisch organisierte Gesellschaften einzelnen Menschen zufügen können. Die Idee, daß stabile Staaten bessere Garanten für die Respektierung von Rechten sind als jede denkbare Alternative, stellt eine instrumentelle Verteidigung der kollektiven Selbstbestimmung, aber keine Verteidigung der nationalen Unabhängigkeit per se dar. Um die kollektive Selbstbestimmung als ein Recht zu verteidigen, vermittels dessen Menschen vor Grausamkeit geschützt werden können, muß man nicht der Überzeugung sein, daß jedes »Volk« ein Recht auf eine eigene Gesellschaft hat, die es ihm erlauben würde, Hoheitsgewalt über deren Mitglieder auszuüben.

Wird das Recht auf kollektive Selbstbestimmung mit der Verteidigung der nationalen Unabhängigkeit eines Volkes gleichgesetzt, verliert es seinen klaren Bezug zum Schutz der Menschen vor Grausamkeit, Unterdrückung und Erniedrigung. Der Grund dafür ist, wie Ignatieff feststellt, daß »die Erlangung der nationalen Unabhängigkeit zwar die Menschenrechtsprobleme der Gruppen löst, die sich durchgesetzt haben, daß sie aber neue Opfergruppen hervorbringen kann, deren Menschenrechtssituation sich verschlechtert«. Kollektive Selbstbestimmung ist von nationaler Eigenständigkeit zu unterscheiden, damit sie sich als ein Instrument zum Schutz aller Individuen vor den schlimmsten Formen von Grausamkeit und Unterdrückung erweisen kann. Ein Volk oder eine Nation zu sein, verleiht nicht das Recht, Menschen zu drangsalieren. Die Erlangung der nationalen Eigenständigkeit löst ein Menschenrechtsproblem und kann ein anderes Menschenrechtsproblem schaffen, da Nationen die Macht haben, unter dem Deckmantel ihres Rechtes auf Selbstbestimmung Menschen zu verfolgen und zu unterdrücken.

Daher kann eine Menschenrechtsordnung die nationale Eigenständigkeit – beziehungsweise die absolute Souveränität eines Volkes – nicht durchweg als etwas verteidigen, das das Menschenrecht auf kollektive Selbstbestimmung beinhaltet. Kollektive Selbstbestimmung als Menschenrecht bedeutet nicht das Recht, Minderheiten zu unterdrücken. Kollektive Selbstbestimmung ist ein von Gruppen ausgeübtes Menschenrecht, das – wie alle Gruppenrechte – daran gebunden ist, daß die Gruppe die Rechte anderer respektiert. Wird die kollektive Selbstbestimmung uneingeschränkt mit nationaler Eigenständigkeit gleichgesetzt, vergrößert das die Gefahr, die Rechte anderer zu verletzen; manchmal leistet es solchen Rechtsverletzungen sogar Vorschub. Menschenrechtsverletzungen können nicht mit dem Hinweis auf die nationale Souveränität gerechtfertigt oder gar entschuldigt werden. Staaten, die die Menschenrechte verletzen, ziehen »Kritik, Sanktionen und, im äußersten Falle, eine Intervention« auf sich. Die Feststellung, daß ein Nationalstaat grundlegende Menschenrechte verletzt, sagt allerdings noch nichts darüber aus, ob und welche Art von Kritik, Sanktion oder Intervention geeignet ist, die Situation unterdrückter Menschen zu verbessern, was ja der Zweck der Menschenrechte als politisches Instrumentarium ist.

Die umstrittenste – und manchmal einzige potentiell wirksame – Reaktion auf anhaltende Menschenrechtsverletzungen durch Staaten ist die Intervention. Daher fragt Ignatieff, unter welchen Bedingungen

Einleitung

Interventionen zur Beendigung von innerstaatlichen Menschenrechtsverletzungen gerechtfertigt sind. So wie die nationale Unabhängigkeit ist auch die Intervention ein zweischneidiges Schwert. Sie muß sparsam eingesetzt werden, damit sie nicht zu einem unbeabsichtigten Vorwand für Menschenrechtsverletzungen von seiten der intervenierenden Staaten wird. Dennoch muß es sie geben, wenn sie das geeignete Mittel ist, systematische Menschenrechtsverletzungen zu beenden (oder zumindest erheblich zu verringern). Diese Forderung ist weitaus schwerer zu erfüllen als zu formulieren und ist theoretisch und praktisch umstritten. »Menschenrechte mögen universell sein, aber die Unterstützung für die Erzwingung ihrer Durchsetzung wird niemals universell sein.« Wenn das Realismus ist, so ist es doch kein Freibrief für Isolationismus. Daß beispielsweise in Ruanda nicht interveniert wurde, wo viele Menschenleben hätten gerettet werden können, war weder unvermeidbar noch entschuldbar. Eine derartige Untätigkeit hat »die Glaubwürdigkeit der Menschenrechte in den gefährdeten Gebieten der ganzen Welt untergraben«.

Die Frage, wann Staaten intervenieren sollten, um Menschenrechte durchzusetzen, wird aus dem offenkundigen Grund kontrovers diskutiert, daß bei jeder Entscheidung zur Intervention viel auf dem Spiel steht. Doch die Menschenrechte sind auch dann sehr umstritten, wenn nicht so deutlich ist, worum es geht. Pragmatisch eingestellte Menschen könnten mit einer gewissen Skepsis fragen, worum es bei den heftigen – und häufigen – Auseinandersetzungen um die metaphysischen und moralischen Grundlagen der Menschenrechte eigentlich geht. Diese Auseinandersetzungen – etwa um eigenverantwortliches Handeln, Menschenwürde und Naturrecht – sind eher abstrakt, was den Gedanken nahe legen könnte, daß diese Fragen wenig praktische Relevanz besitzen. Aber das wäre eine voreilige Schlußfolgerung. Bei der Frage nach den Grundlagen der Menschenrechte geht es oft um die Legitimität von Menschenrechtsargumenten auf internationaler Ebene. Wenn die Menschenrechte auf einer moralischen oder metaphysischen Grundlage basieren, die in keiner relevanten Weise universell ist oder sich auf internationaler Ebene öffentlich verteidigen läßt, wenn die Menschenrechte auf ausschließlich europäischen Vorstellungen basieren, wie viele Kritiker (hartnäckig) behaupten, und wenn diese eurozentrischen Vorstellungen gegen nicht-westliche Kulturen und Länder gerichtet sind, dann sind die politische Legitimität von Menschenrechtsargumenten, die Menschenrechtsvereinbarungen und die Durchsetzung der Menschenrechte in Frage gestellt.

»Warum wir Rechte haben, darüber mag keine Einigkeit herrschen«, schreibt Ignatieff, »doch es kann Einigkeit darüber herrschen, daß wir sie brauchen.« Worauf basiert diese Einigkeit? Ignatieff ist der Meinung, die Menschen könnten begreifen, daß sie Menschenrechte brauchen, weil die Menschen ohne Menschenrechte nicht zum »eigenverantwortlichen Handeln« fähig sind. Ich bin nicht so sicher, daß Menschen begreifen, daß sie Menschenrechte brauchen, weil sie des »eigenverantwortlichen Handelns« bedürfen. Meine Unsicherheit rührt nicht daher, daß ich mit Ignatieff nicht darin übereinstimme, daß die Eigenverantwortlichkeit der Menschen eine stabile Grundlage für die Menschenrechte darstellt. Dem stimme ich voll und ganz zu, und ich wäre froh, das Recht auf Eigenverantwortlichkeit sowohl aus moralischen als auch aus pragmatischen Gründen einfordern zu können (pragmatische Gründe erweisen sich in diesem Bereich – nicht zufällig – auch als moralische Gründe). Mein Dissens mit Ignatieff betrifft vielmehr die Frage, ob eine Menschenrechtsordnung nur auf einer einzigen – einer für alle oder für die meisten Menschen akzeptablen – Grundlage oder auf mehreren Grundlagen basieren sollte, von denen keine für sich genommen für die meisten Menschen akzeptabel ist. Basieren die Menschenrechte auf mehreren Grundlagen, sind sie wahrscheinlich für mehr Menschen akzeptabel, und in diesem Fall hat eine einzige Grundlage kein Monopol darauf, eine vernünftige Begründung darzustellen.

Es darf auch bezweifelt werden, daß Menschenrechte als pragmatisches Instrumentarium in einer internationalen Menschenrechtsordnung ganz ohne Begründungen auskommen. Man könnte Ignatieff manchmal dahingehend interpretieren, daß sein Hauptgrund für die

Verteidigung der Menschenrechte – das eigenverantwortliche und selbstbestimmte Handeln der Menschen – keine Grundlage, sondern irgend etwas anderes, vielleicht eine pragmatische Idee darstellt. Doch eigenverantwortliches Handeln ist durchaus eine Grundlage für die Menschenrechte, auch wenn es nicht die Art von Fundierung ist, die nach Ansicht vieler Menschen philosophisch notwendig ist, um etwas so Wertvolles wie ein Menschenrecht zu begründen. Wenn wir Menschenrechte haben, um die Eigenverantwortlichkeit der Menschen zu schützen, dann haben wir möglicherweise einen unanfechtbaren Grund, die Menschenrechte zu verteidigen, und genau das hat eine philosophische Fundierung zu leisten: Ein Grund muß so gut sein, daß er (zumindest nach unserem Erkenntnisstand) unanfechtbar ist. Dieser Grund ist in keiner Weise banal oder unumstritten. Wer sagt, die Menschenrechte seien notwendig, damit die Menschen eigenverantwortlich und selbstbestimmt handeln können, sagt etwas Bedeutsames darüber aus, »warum wir Rechte haben«. Wir haben Rechte, weil wir zielgerichtet handelnde Subjekte sind, die von ihren Mitmenschen als solche behandelt werden sollten. Die Idee, daß wir zielgerichtet handelnde Subjekte sind, die aus sich selbst heraus Ansprüche haben, ist umstritten. In manchen Kulturen werden die Menschenrechte eher mit dem Hinweis auf die Menschenwürde, den Respekt, der Menschen gebührt, oder die durch den Schöpfungsakt gegebene Gleichheit der Menschen als mit der Behauptung verteidigt, die Fähigkeit zum eigenverantwortlichen Handeln sei etwas Wertvolles. (Auf diese Idee können sich die Menschenrechte nur dann stützen, wenn sie für wertvoll und schutzwürdig gehalten wird.)

Um die philosophischen Kontroversen zu vermeiden, die um die Frage geführt werden, was denn die richtige Begründung der Menschenrechte sei, möchte Ignatieff auf grundsätzliche Aussagen über Menschenwürde, Naturrecht, einen göttlichen Schöpfungszweck und ähnliche Vorstellungen verzichten. Die Fähigkeit zum eigenverantwortlichen Handeln gehört jedoch durchaus in diese Kategorie von Vorstellungen und ist daher eine gute Richtschnur dafür, was als ein

Menschenrecht gelten sollte. Wenn eigenverantwortliches Handeln nicht in Zusammenhang mit der Menschenwürde stünde, wäre es weniger geeignet, der Anerkennung und Durchsetzung der Menschenrechte Gewicht zu verleihen. Anstatt jegliche Grundsatzdiskussion zu vermeiden, sollte man die Einstellung fördern, daß Menschenrechtsordnungen auf mehreren Grundlagen basieren können. Ignatieff möchte Auseinandersetzungen um Grundsatzfragen aus einem guten Grund vermeiden: »Ein universeller Schutz der Menschenrechte sollte mit moralischem Pluralismus vereinbar sein.« Daraus folgt jedoch nicht, daß eine Menschenrechtsordnung jegliche Grundlage leugnen sollte. Es ist – aus moralischen und pragmatischen Gründen – wesentlich besser, wenn sie auf mehreren Grundlagen basiert. Eine Menschenrechtsordnung, die einen Konsens in Teilbereichen für sich verbuchen kann, ist eher mit moralischem Pluralismus vereinbar. Sie ist eher mit der Achtung vor den vielen kulturellen und philosophischen Traditionen vereinbar, die einen ähnlichen Menschenrechtskatalog für unterstützenswert halten. Diese Übereinstimmung ist keineswegs umfassend, aber das gilt auch für die Übereinstimmung in bezug auf die Menschenrechte *innerhalb* einer kulturellen oder philosophischen Tradition.

Wer sagt, eine universelle Menschenrechtsordnung solle mit moralischem Pluralismus vereinbar sein, sagt damit nicht, daß sie mit allen weltanschaulichen und religiösen Überzeugungen vereinbar sein muß. Die Menschenrechte können nicht mit allen Überzeugungen oder zumindest nicht mit jeder vorherrschenden Interpretation dieser Überzeugungen in Einklang gebracht werden. Die religiösen Überzeugungen der Taliban versagen den Frauen selbstbestimmtes Handeln und Würde, und sie tun das in Formen, die eindeutig mit jedweder Menschenrechtsordnung unvereinbar sind. Vielleicht können die Taliban dazu gebracht werden, die Überzeugungen aufzugeben, mit denen sie die Unterdrückung und brutale Behandlung von Frauen rechtfertigen; können sie jedoch nicht dazu gebracht werden, ihre Überzeugungen zu ändern, sollte deswegen nicht in Abrede gestellt werden, daß die Menschenrechte in einem bedeutsamen Sinn universell sind, was oft mit der Idee verwechselt wird, die Menschenrechte seien universell anerkannt (was eindeutig nicht der Fall ist). Die Menschenrechte sind in dem Sinn universell, daß sie sich als ein moralisch begründbares Instrumentarium gegen Unterdrücker richten, die das Recht auf selbstbestimmtes Handeln und die Würde derjenigen nicht anerkennen, deren Leben und Freiheit sie mit Füßen treten. Ignatieff drückt es so aus: »Rechte sind universell, weil sie die universellen Interessen der Machtlosen zum Ausdruck bringen.«

Was bedeutet es also, wenn man sagt, der Schutz der Menschenrechte sei mit moralischem Pluralismus vereinbar? Eine Menschenrechtsordnung, die mit moralischem Pluralismus vereinbar ist, muß mit einer Vielzahl von umfassenden Weltanschauungen vereinbar sein. Sie muß nicht mit allen Weltanschauungen vereinbar sein, da manche die Menchenrechte grundsätzlich ablehnen. (Man denke an das schreckliche Beispiel der nationalsozialistischen Ideologie.) Doch viele Weltanschauungen erkennen die Notwendigkeit von Menschenrechten an. Daß sich die Unterstützung der Menschenrechte aus vielfältigen Quellen speist, zeigt sich an der Revolution in bezug auf die rechtliche Verankerung der Menschenrechte. An der Formulierung der Allgemeinen Erklärung der Menschenrechte waren Menschen beteiligt, die sich den kulturellen Traditionen Nord- und Südamerikas, Europas, Asiens und Afrikas verpflichtet fühlten und deren religiöse Bindungen den Islam, das Judentum, das östliche und westliche Christentum, den Hinduismus und weitere Religionen umfaßten. Seit der Abfassung der ersten Dokumente ist die Erkenntnis gewachsen, daß viele Kulturen in der Unterstützung der Menschenrechte übereinstimmen können.

Warum befassen wir uns also mit der Idee, die Menschenrechte seien etwas geographisch und kulturell Begrenztes? Weil es seit ihrer Formulierung auch überwältigende Belege dafür gibt, daß viele Angehörige außereuropäischer Kulturen und Religionen erbitterte Gegner der fundamentalsten Menschenrechte sowie der Vorstellung sind, die Menschenrechte seien für den Schutz des *eigenverantwortlichen Handelns der Menschen* oder der *menschlichen Würde* wichtig; für sie ist der *Fortbe-*

stand des Kollektivs oberster Wert. Der Schutz der Menschenrechte zielt nicht darauf ab, Kulturen zu zerstören, wie Kritiker allzu oft behaupten, sondern den Schutz der Menschenrechte in sie zu integrieren, was die Kritiker allzu oft für unmöglich erklären. Die Prophezeiung der Kritiker, die Menschenrechte würden ihre Kultur zerstören, kann sich selbst erfüllen – indem der Widerstand gegen die Anerkennung der Menschenrechte gefördert wird –, aber dieser Widerstand muß keineswegs zur Zerstörung der Kultur führen. Unterdrückte Frauen wollen, daß ihre Rechte als Personen im Rahmen ihrer eigenen Kultur gewährleistet sind, aber sie wollen dies nicht um den Preis der Aufgabe ihrer Kultur oder der Zerstörung dessen, was sie (und ihre Unterdrücker) an ihrer Kultur für wertvoll halten. Alle Kulturen, deren Entstehen von Menschenrechtsverletzungen begleitet waren – was für die meisten Kulturen zutrifft –, müssen sich verändern, um den fundamentalsten Menschenrechten von Frauen und schutzlosen Minderheiten Geltung zu verschaffen. Wenn bestimmte Kulturen und Gesellschaften die Menschenrechte von Frauen anerkennen, hören sie nicht auf zu existieren; vielmehr verändern sie sich in oftmals einschneidender Weise in politischer und moralischer Hinsicht.

Ignatieff nimmt das Schlüsseldokument der Menschenrechtsrevolution, die Allgemeine Erklärung der Menschenrechte, als Beispiel dafür, daß sich umstrittene religiöse Begründungen der Menschenrechte umgehen lassen. Er bietet eine säkulare Begründung an, die einen »pragmatischen gemeinsamen Nenner [darstellt], der eine Übereinstimmung über unterschiedliche kulturelle und politische Auffassungen hinweg möglich macht«. Die von Ignatieff vertretene säkulare Begründung besagt, daß das eigenverantwortliche und selbstbestimmte Handeln der Menschen ein wichtiges Gut ist. Daß die Menschenrechte die Funktion haben, dieses zu schützen, wird in vielen Kulturen anerkannt. Doch meiner Ansicht nach muß nicht *eine* Begründung für alle Verfechter der Menschenrechte akzeptabel sein, mag sie sich auf das eigenverantwortliche Handeln oder auf irgendwelche anderen säkularen oder religiösen Auffassungen von der Wichtigkeit der Menschenrechte beziehen. Statt dessen sollte eine Menschenrechts-

Einleitung

ordnung auf mehreren Grundlagen basieren, von denen keine für alle Verteidiger der Menschenrechte verbindlich sein muß. Eine Menschenrechtsordnung gewinnt breitere Zustimmung, wenn sie auf mehreren Grundlagen basiert. Wird eine Menschenrechtsordnung dadurch philosophisch oder moralisch inkohärent? Mitnichten. Eine Menschenrechtsordnung stellt ein politisches Instrumentarium dar, und als solches sollte sie Grundlagen haben, die ihrem Zweck entsprechen. Wenn internationale Gruppen öffentlich ihre Achtung vor einer Vielzahl von Gründen für die Anerkennung der Menschenrechte zum Ausdruck bringen, anstatt auf einem einzigen Grund zu beharren oder gar keinen zu akzeptieren, dann werden die Menschenrechte aus vielfältigen Gründen öffentlich als ein anerkannter Bestandteil einer pluralistischen Welt verteidigt, die eine internationale Menschenrechtsordnung unterstützt. Wenn es viele vernünftige Gründe für die Anerkennung der Menschenrechte gibt und nicht nur einen (oder gar keinen), dann ist es politisch-moralisch sinnvoll, daß offizielle internationale Dokumente jeden Hinweis auf »die« richtige philosophische Begründung der Menschenrechte vermeiden. Gleichzeitig sollte eine Menschenrechtsordnung für eine Vielzahl von einander nicht ausschließenden Forderungen in bezug auf die legitime Begründung der Menschenrechte – seien sie religiöser oder säkularer Natur – offen sein. Eigenverantwortliches Handeln, die Würde des Menschen und die Gleichheit der Menschen als erschaffene Wesen sind drei von mehreren Begründungen, die einander nicht ausschließen. Die Befürworter der verschiedenen moralischen Begründungen stellen diese jedoch häufig über die Menschenrechte selbst. Wenn die Begründungen einen höheren Stellenwert haben als die Rechte selbst und wenn Meinungsverschiedenheiten in bezug auf die Begründungen zur Verletzung von Rechten führen, dann werden abstrakte Ideen zu einem »Fetisch«, woraus, abgesehen von den praktischen Konsequenzen, ein schwerwiegendes politisches Problem erwächst. Die richtige Begründung zu haben, sollte nicht wichtiger sein, als Menschen durch die Respektierung ihrer Rechte anständig zu behandeln.

Respekt vor eigenverantwortlichem Handeln oder vor der Würde des Menschen, so könnte man argumentieren, bedeutet, daß ein breites Spektrum von vertretbaren Auffassungen über die Grundlagen der Menschenrechte respektiert (was nicht bedeuten muß: akzeptiert) wird. Bei freien Menschen kommt es eher zu Meinungsverschiedenheiten in bezug auf philosophische Grundlagen als in bezug auf Forderungen von weitaus größerer praktischer Relevanz, in die viele unserer divergierenden grundsätzlichen Auffassungen (nicht zufällig) einmünden. Die utilitaristischen und deontologischen Begründungen unterscheiden sich ebenso sehr voneinander wie die Begründungen vieler religiöser und säkularer Überzeugungen. Dennoch müssen unterschiedliche Begründungen nicht einen Konsens in bezug auf die Verteidigung bestimmter elementarer Menschenrechte verhindern. Dies gilt auch für die kommunitaristischen Philosophien, von denen viele die Menschenrechte verteidigen, wenngleich sie es von einem philosophischen Standpunkt aus tun, der den liberalen Individualismus ablehnt. Die kommunitaristische Verteidigung der Menschenrechte leugnet jedoch nicht den moralischen Wert von Personen; statt dessen plädiert sie für eine engere Bindung der Menschen an die Gemeinschaft, als es viele Liberale tun. Eine absolute und beharrliche Leugnung des moralischen Wertes der menschlichen Person ist mit einer Verteidigung der Menschenrechte nicht vereinbar. Doch in den meisten Fällen, in denen Menschen aus verständlichen Gründen Meinungsverschiedenheiten haben, kommt ihnen zugute, daß sie – ohne Angst vor Verfolgung – engagierte argumentative Auseinandersetzungen führen können, die ebenfalls durch die Menschenrechte ermöglicht werden.

Eine Verteidigung der Menschenrechte als pragmatisches Instrumentarium wirft die Frage auf, ob eine internationale Menschenrechtsordnung auf jegliche moralische und philosophische Begründung verzichten und sich allein auf pragmatische Gründe berufen kann. Ignatieff neigt zu der Auffassung, daß sie dies kann und soll. Aber ist Ignatieff tatsächlich dafür, auf moralische und philosophische Begründungen zu verzichten? Ich glaube nicht. Er führt Artikel 1 der Allgemeinen Erklärung der Menschenrechte als ein Beispiel dafür an, daß Menschenrechtsordnungen sehr wohl ohne moralische und philosophische Begründung auskommen können. Aber trifft das auf Artikel 1 wirklich zu? Schauen wir uns Artikel 1 an:

»Alle Menschen sind frei und gleich an Würde und Rechten geboren. Sie sind mit Vernunft und Gewissen begabt und sollen einander im Geiste der Brüderlichkeit begegnen.«

In diesen beiden einfachen Sätzen beruft sich die Erklärung nicht nur auf eine einzige Begründung der Menschenrechte. Aber sie verzichtet auch nicht auf jegliche Begründung. Statt dessen führt sie ganz knapp mehrere Begründungen an:
- Freiheit und Gleichheit der Menschen: »Alle Menschen sind frei und gleich geboren.«
- Gleiche Würde: »Frei und gleich an Würde.«
- Gleich geboren beziehungsweise gleich ausgestattet: »Sie sind mit Vernunft und Gewissen begabt.«
- Gleiche Brüderlichkeit: »Ein Geist der Brüderlichkeit.«
- Fähigkeit zum eigenverantwortlichen und selbstbestimmten Handeln: »Mit Vernunft und Gewissen begabt.«

Jede dieser angedeuteten Begründungen der Menschenrechte ist vielfältig interpretierbar. Da diese beiden Sätze nicht auf eine einzige, sondern auf mehrere Begründungen verweisen, bestätigen sie die Annahme, daß Menschenrechte auf mehrfache Weise begründbar sind.

Wenn man sagt, die Menschenrechte basierten auf bestimmten Grundlagen, sagt man damit allerdings nicht, daß unsere Haltung ihnen gegenüber oder gegenüber den Menschen, für die sie gelten, eine Haltung der Ehrfurcht oder Verehrung sein sollte oder daß wir aus ihnen gar einen Fetisch machen sollten. Die Achtung vor den Menschen bedeutet nicht ihre kritiklose Verehrung – oder die Verabsolutierung der Menschenrechte in der Weise, daß Kompromisse bei der

Durchsetzung bestimmter Menschenrechte um des Schutzes anderer Rechte willen oder um der sozialen Bedingungen willen, die eine Voraussetzung für den Schutz jeglicher Menschenrechte sind, nicht möglich sind. Die Sorge, die Menschenrechte könnten höher gestellt werden als das Leben der Menschen, die durch die Menschenrechte geschützt werden sollen, wirft die Frage auf, wie wir unsere Mitmenschen respektieren können, ohne den Menschenrechten gegenüber eine Haltung der Verehrung einzunehmen. Ignatieff schreibt: »Mit der Idee der Menschenrechte geht die Pflicht einher, die begründeten Anliegen anderer Menschen zu respektieren und Meinungsverschiedenheiten auf dem Weg der Diskussion zu klären.« Zu Ignatieffs Auffassung, daß die Menschenrechte das eigenverantwortliche Handeln der Menschen schützen sollten, paßt sein Eintreten für eine argumentative Auseinandersetzung über unsere Meinungsverschiedenheiten.

Ignatieff sieht die grundlegende Aufgabe einer Menschenrechtsordnung mehr in der Gewährleistung von Toleranz als von Respekt. Ich bin mir nicht so sicher wie er, daß eine Menschenrechtsordnung Respekt nicht in einem zumindest minimalen Umfang ebenso fördern sollte wie Toleranz. Ignatieff verknüpft sein Plädoyer für die argumentative Auseinandersetzung über unsere Meinungsverschiedenheiten mehr mit Toleranz als mit Respekt: »Die fundamentale moralische Pflicht, die sich aus den Rechten ergibt, ist nicht Respekt und schon gar nicht Verehrung. Es ist die Auseinandersetzung.« Ich meine, daß die Bereitschaft, uns mit Menschen auseinanderzusetzen, mit deren Ansichten wir nicht übereinstimmen – im Unterschied zu der Neigung, sie einfach gewähren zu lassen –, von mehr als nur von Toleranz abhängt. Ich meine, daß sie auch von unserem Respekt vor ihnen als Subjekten abhängt, mit denen wir in produktiver Weise Argumente austauschen können. Andere Menschen zu tolerieren, ohne sie zu respektieren, bedeutete »leben und leben lassen«, uns nicht in ihre Freiheit einzumischen, ihr Leben so zu leben, wie sie (und nicht wir) es für richtig halten. Toleranz verhindert, daß wir uns in das Leben anderer Menschen einmischen, solange sie anderen keinen Scha-

Einleitung 25

den zufügen. Toleranz in menschlichen Beziehungen ist etwas sehr Gutes. Aber sie ist nicht das einzige Gute. Und im Bereich der Menschenrechte ist sie genau deswegen nicht ausreichend, weil wir uns nicht ein für allemal darauf verständigen können, was eine Menschenrechtsordnung beinhalten sollte. Somit brauchen wir, um Fortschritte auf dem Gebiet der Menschenrechte – wie auf vielen anderen politischen Gebieten – zu machen, sowohl Toleranz als auch die argumentative Auseinandersetzung. Und damit wir uns mit anderen Menschen auseinandersetzen können, müssen wir mehr tun, als sie nur tolerieren; wir müssen konstruktiv mit ihnen diskutieren, was eine Form des Respekts darstellt.

Könnten wir uns darauf einigen, was es bedeutet, anderen keinen Schaden zuzufügen, könnten wir uns mit Toleranz im Bereich der internationalen Menschenrechte zufriedengeben. Dann müßten wir nicht über den Inhalt der Menschenrechte diskutieren. Aber wie Ignatieff einräumt, sind wir uns nicht einig, und die Diskussion ist eine – von wechselseitigem Respekt geprägte – Möglichkeit, einer wohlbegründeten Verständigung über die Menschenrechte näher zu kommen. Auch wenn die Menschen, die miteinander diskutieren, zu keiner Übereinkunft kommen, zeigen sie durch ihre Bemühungen ein Mindestmaß an Respekt vor dem anderen.

Ein gemeinsames Eintreten für die Menschenrechte erfordert vielleicht nicht mehr als Toleranz, wenn wir uns über den Inhalt der Menschenrechte einig sind. Aber da es unter Menschen mit unterschiedlichen Moralauffassungen verständliche und starke Meinungsverschiedenheiten gibt, sollten wir versuchen, miteinander zu argumentieren, in der Hoffnung, morgen zu einer besseren Verständigung und einer akzeptableren Begründung der Bedeutung der Menschenrechte zu kommen, als wir sie heute haben. Daher drückt die argumentative Auseinandersetzung mehr als nur eine tolerante Einstellung aus; sie erfordert ein Mindestmaß an Respekt vor Menschen mit einer anderen, aber durchaus überlegten Auffassung von den Menschenrechten. Eine Menschenrechtsordnung verlangt von uns, daß wir unvernünftige Menschen tolerieren müssen, solange sie anderen keinen Schaden zuzufügen drohen. Die Auseinandersetzung mit Menschen, mit denen wir in bezug auf die Menschenrechte Meinungsverschiedenheiten haben – in der Hoffnung, morgen zu einer besseren Verständigung über eine gemeinsame Menschenrechtsordnung zu gelangen, als wir sie heute haben –, drückt Respekt vor denjenigen aus, die laut Artikel 1 »mit Vernunft und Gewissen begabt« sind. Respekt vor Menschenwürde, eigenverantwortlichem Handeln, Gleichheit und Freiheit, Brüderlichkeit und Schwesterlichkeit ist in Artikel 1 enthalten. So wie dieser Artikel abgefaßt und seitdem interpretiert worden ist, formuliert er nicht nur eine einzige Auffassung, sondern mehrere für viele Menschen akzeptable Ansätze einer Menschenrechtsrevolution, deren Ende noch nicht in Sicht ist.

MENSCHENRECHTE ALS POLITIK

Menschenrechte und moralischer Fortschritt

In seinem Buch *Ist das ein Mensch?* beschreibt Primo Levi ein Gespräch mit Dr. Pannwitz, Leiter der chemischen Abteilung in Auschwitz.[1] In dieser Abteilung unterzukommen, war eine Frage von Leben oder Tod: Konnte Levi Pannwitz davon überzeugen, daß er ein fähiger Chemiker war, würde ihm die Gaskammer vielleicht erspart bleiben. Als Levi in seiner Lagerkleidung vor dem Schreibtisch von Dr. Pannwitz stand, sah dieser ihn an. Levi erinnerte sich später:

»Denn zwischen Menschen hat es einen solchen Blick nie gegeben. Könnte ich mir bis ins letzte die Eigenart jenes Blickes erklären, der wie durch die Glaswand eines Aquariums zwischen zwei Lebewesen getauscht wurde, die verschiedene Elemente bewohnen, so hätte ich damit auch das Wesen des großen Wahnsinns im Dritten Reich erklärt.«

Hier war ein in den europäischen Traditionen des rationalen Denkens und Forschens ausgebildeter Mann, der eine Begegnung zwischen zwei Menschen zu einem Aufeinandertreffen von zwei verschiedenen Arten von Lebewesen machte.

Fortschritt mag ein umstrittener Begriff sein, aber wir haben in dem Maße Fortschritte gemacht, in dem wir nach dem intuitiven moralischen Wissen handeln, daß Dr. Pannwitz im Unrecht war: Wir alle gehören ein und derselben Art an, und jedes Individuum, das zu dieser Art gehört, hat ein Recht darauf, mit den gleichen moralischen Maßstäben gemessen zu werden. Die Menschenrechte sind die Sprache, in der diese Intuition ihren systematischen Ausdruck gefunden hat, und in dem Maße, in dem sie das Verhalten von Menschen und Staaten beeinflussen, können wir sagen, daß wir moralische Fortschritte machen. Hier kommt Richard Rortys Definition von Fortschritt zum Tragen: »Eine gesteigerte Fähigkeit, mehr und mehr Unterschiede zwischen den Menschen als moralisch irrelevant zu betrachten.«[2] Für uns stellt die globale Ausbreitung dieser Idee aus zwei Gründen einen Fortschritt dar: weil wir, wenn wir nach ihr leben, mehr Menschen so behandeln, wie wir selbst behandelt werden möchten, und weil wir dadurch dazu beitragen, Grausamkeit und unverdientes Leiden in der Welt zu verringern. Mit anderen Worten, unsere Gründe für die Annahme, die Ausbreitung der Menschenrechte stelle einen moralischen Fortschritt dar, sind pragmatischer und historischer Art. Wir wissen aus der historischen Erfahrung, daß Menschen, wenn sie begründbare Rechte haben – wenn ihr eigenverantwortliches und selbstbestimmtes Handeln geschützt und gestärkt wird – im allgemeinen weniger erniedrigt und unterdrückt werden. Daher betrachten wir die Ausbreitung des Instrumentariums der Menschenrechte als Fortschritt, auch wenn es weiterhin eine tiefe Kluft zwischen diesem Instrumentarium und der tatsächlichen Praxis der Staaten gibt, die die Pflicht hätten, ihr Handeln nach den Menschenrechten auszurichten.

In der weltweiten Ausbreitung westlicher Menschenrechte ein Zeichen für moralischen Fortschritt zu sehen, mag eurozentrisch erscheinen. Doch das nach 1945 geschaffene Instrumentarium der Menschenrechte war nicht der triumphale Ausdruck des imperialen Selbstbewußtseins Europas, sondern eine Reaktion einer kriegsmüden Generation auf den europäischen Nihilismus und seine Folgen. Die Menschenrechte waren eine Antwort auf Dr. Pannwitz, auf die Entdeckung, welche Greuel möglich waren, wenn dem »westfälischen Staat« (der nach dem Westfälischen Frieden geschaffene Staat mit seinem Gewalt- und Machtmonopol, Anm. d. Übers.) unbegrenzte Souveränität gegeben wurde und wenn die Bürger dieses Staates nicht über normative Maßstäbe verfügten, um gesetzmäßigen, aber unmoralischen Befehlen den Gehorsam zu verweigern. Die Allgemeine

Erklärung der Menschenrechte stellte eine Rückkehr der europäischen Tradition zu ihrem Naturrechtserbe dar. Sie sollte die Fähigkeit zum eigenverantwortlichen Handeln wiederherstellen und den Menschen die Zivilcourage geben, sich gegen unrechte Befehle des Staates zu wehren.

Die Durchsetzung der Menschenrechte

Historisch betrachtet, ist die Allgemeine Erklärung der Menschenrechte Teil einer in der Nachkriegszeit vorgenommenen umfassenden Neugestaltung der normativen Ordnung, die die internationalen Beziehungen regeln und einen Schutzwall gegen die Barbarei sein soll. Zur Menschenrechtsrevolution gehört die Charta der Vereinten Nationen von 1945, die einen Angriffskrieg zwischen Staaten ächtet; die Konvention gegen Völkermord von 1948, die religiöse, rassische und ethnische Gruppen vor der Vernichtung schützen soll; die überarbeitete Genfer Konvention von 1949, die einen stärkeren Schutz der Zivilbevölkerung fordert; und schließlich die internationale Flüchtlingskonvention von 1951 zum Schutz der Rechte von Flüchtlingen.

Vor dem Zweiten Weltkrieg hatten nur Staaten Rechte, und diese waren im Völkerrecht niedergelegt. Mit der Allgemeinen Erklärung der Menschenrechte von 1948 erhielten auch die Rechte von Individuen rechtliche internationale Anerkennung.[3] Zum ersten Mal wurden Menschen – unabhängig von Rasse, Glaubensbekenntnis, Geschlecht, Alter oder irgendeinem anderen Status – Rechte zuerkannt, auf die sie sich berufen konnten, um gegen ungerechte Gesetze oder Unterdrückungspraktiken des Staates zu protestieren.

Die internationale Menschenrechtsrevolution wurde nicht von Staaten in Gang gesetzt, die bereits das praktizierten, was sie verkündeten. Amerika und die europäischen Staaten hatten noch keineswegs die rechtliche Emanzipation ihrer eigenen Bürger oder der von ihnen unterworfenen Völker vollendet. Viele Staaten, die an der Abfassung der Allgemeinen Erklärung der Menschenrechte mitwirkten, sahen keinen Widerspruch zwischen der Befürwortung internationaler Normen und der anhaltenden Unterdrückung im eigenen Land. Sie dachten, die Allgemeine Erklärung würde ein Katalog von gutgemeinten, kaum je realisierten Vorsätzen bleiben. Doch als die internationalen Menschenrechtsnormen formuliert waren, lösten sie koloniale Revolutionen im Ausland und eine Bürgerrechtsrevolution im eigenen Land aus. Die Menschenrechtsrevolution sollte nicht losgelöst vom Kampf um Selbstbestimmung und nationale Unabhängigkeit in den Kolonien der europäischen Reiche und – was ebenso wichtig ist – vom Kampf um volle Bürgerrechte für die schwarzen Amerikaner gesehen werden, der im Civil Rights Act von 1965 gipfelte.[4]

Fünfzig Jahre später haben die meisten modernen Staaten die internationalen Menschenrechtsabkommen ratifiziert, und einige Länder haben die dort niedergelegten Rechte und Rechtsmittel in ihre Verfassung aufgenommen. Der 1953 gegründete Europäische Gerichtshof für Menschenrechte räumt Bürgern aus europäischen Staaten die Möglichkeit ein, gegen Ungerechtigkeiten im gesellschaftlichen und staatlichen Bereich Beschwerde beim Europäischen Gerichtshof in Straßburg einzulegen.[5] Europäische Staaten, einschließlich Großbritannien, erkennen mittlerweile an, daß Entscheidungen ihrer Gerichte oder Verwaltungsorgane unabhängig von ihrem Parlament oder ihren Gerichten von einem Gericht für Menschenrechte aufgehoben werden können.[6] Neue Staaten, die sich um Aufnahme in die europäische Gemeinschaft bemühen, erkennen an, daß sie ihr geltendes Recht an die Europäische Konvention anpassen müssen, auch wenn das bedeutet, die Todesstrafe abzuschaffen, da sie mit europäischen Menschenrechtsstandards nicht vereinbar ist.

In den Entwicklungsländern ist die Ratifizierung der internationalen Menschenrechtsabkommen zu einer Vorbedingung für die Aufnahme neuer Staaten in die internationale Staatengemeinschaft geworden. Selbst repressive Staaten fühlen sich verpflichtet, dem Instrumentarium der Menschenrechte verbal Respekt zu zollen. Während diese Lippenbekenntnisse die Ehre sind, die das Böse dem Guten erweist, bedeutet die Tatsache, daß repressive Regime sich hierzu verpflichtet fühlen, daß das Böse nunmehr in einer Weise angeprangert und sogar zurückgedrängt werden kann, die vor 1945 so nicht gegeben war.

Die weltweite Ausbreitung der Menschenrechtsnormen wird häufig als eine moralische Folge der ökonomischen Globalisierung gesehen. Der Bericht des amerikanischen Außenministeriums über die Menschenrechtslage von 1999 beschreibt die Konstellation von Menschenrechten und Demokratie – zusammen mit »Geld und dem Internet« – als eine der drei universellen Formen der Globalisierung.[7] Daraus wird allzu leicht der Schluß gezogen, die Menschenrechte seien eine Ausdrucksform des moralischen Individualismus, die eine gewisse Wahlverwandtschaft mit dem ökonomischen Individualismus des Weltmarktes aufweise, und beide entwickelten sich Hand in Hand. Doch das Verhältnis zwischen Menschenrechten und Geld, zwischen moralischer und ökonomischer Globalisierung ist oft ein antagonistisches, wie sich etwa an den Kampagnen der Menschenrechtler gegen die Mensch und Umwelt schädigenden Praktiken multinationaler Großunternehmen zeigt.[8] Die Menschenrechte haben nicht deswegen eine globale Bedeutung erlangt, weil sie den Interessen der Mächtigen dienen, sondern in erster Linie deswegen, weil sie die Interessen der Machtlosen gefördert haben. Die Menschenrechte haben eine globale Bedeutung erlangt, weil sie eine lokale Bedeutung erlangt haben, weil sie sich unabhängig vom Westen in Kulturen und Weltanschauungen verankert haben und den Menschen helfen, gegen staatliches Unrecht und repressive gesellschaftliche Praktiken zu kämpfen.

Man kann diese globale Ausbreitung der Menschenrechtskultur auch dann als eine Form des moralischen Fortschritts bezeichnen, wenn man den Motiven derjenigen, die an ihr mitgewirkt haben, skeptisch gegenübersteht. Die Staaten, die die Allgemeine Erklärung unterzeichneten, glaubten nie wirklich, daß sie ihrem Verhalten Beschränkungen auferlegen würde. Schließlich gab es keinerlei Mechanismen, mit denen ihre Durchsetzung hätte erzwungen werden können. Es handelte sich lediglich um eine Erklärung und nicht um einen Staatsvertrag, eine Konvention, die der Ratifizierung bedurfte. Die Verfasser der Erklärung – Männer und Frauen wie Eleanor Roosevelt, René Cassin und John Humphrey – waren bereit, mit einer bloßen Erklärung zu leben, weil sie glaubten, diese werde das Bewußtsein für die Menschenrechte in der ganzen Welt stärken und dadurch potentielle Menschenrechtsverletzungen eindämmen.[9] Wir können bei aller Skepsis gegenüber ihren Ansichten Achtung vor ihrer Leistung haben. Und wir haben auch gute Gründe, an der präventiven Wirkung von Menschenrechtskodizes zu zweifeln. Doch wenn die Menschenrechte die Schurken auch nicht an ihren Untaten gehindert haben, so haben sie doch deren Opfer und sogar unbeteiligte Menschen moralisch gestärkt. Das Instrumentarium der Menschenrechte hat beiden Gruppen ein Mittel an die Hand gegeben, Übergriffe auf Menschen und Unterdrückung innerhalb und außerhalb der Grenzen ihres Landes anzuprangern, und das hat zu einer Revolution in bezug auf die Verteidigung der Menschenrechte sowie zum Entstehen eines Netzwerks von nicht-staatlichen Menschenrechtsorganisationen geführt – von denen Amnesty International und Human Rights Watch nur die bekanntesten sind –, die die Staaten drängen, das zu praktizieren, wozu sie sich verbal bekennen.[10] Aufgrund dieser Revolution haben die Opfer die Möglichkeit erhalten, ihren Fall weltweit bekannt zu machen, was es in der Geschichte in dieser Form bisher nicht gegeben hat.[11]

Die Revolution in bezug auf die Verteidigung der Menschenrechte hat das Monopol des Staates auf die Gestaltung der internationalen Angelegenheiten gebrochen und etwas entstehen lassen, das als globale Zivilgesellschaft bezeichnet wird. Auch hier kann man bei aller Skepsis in Detailfragen an einen Fortschritt glauben. Der Ausdruck »globale Zivilgesellschaft« impliziert eine geschlossene moralische Bewegung, während die nicht-staatlichen Organisationen in Wirklichkeit heftig miteinander streiten und konkurrieren. Diese Gruppen erheben oft den Anspruch, die Interessen der Menschen und die Menschenrechte effektiver zu repräsentieren als die Regierungen.

Das ist zwar in manchen Fällen zutreffend, doch die nicht-staatlichen Organisationen sind nicht zwangsläufig repräsentativer oder legen mehr Rechenschaft ab als *gewählte* Regierungen. Das weltweit gestiegene Bewußtsein für die Menschenrechte bedeutet auch nicht zwangsläufig, daß die Gruppen, die die Menschenrechte verteidigen, wirklich dieselben Überzeugungen haben. Viele dieser nicht-staatlichen Organisationen sprechen zwar die universalistische Sprache der Menschenrechte, benutzen diese aber, um höchst partikulare Anliegen zu vertreten: die Rechte bestimmter nationaler Gruppen, Minderheiten oder Personengruppen. Am Partikularismus ist an sich nichts auszusetzen. Der Universalismus eines jeden Menschen hat seine Wurzeln letztlich in der Bindung an eine Gruppe von Menschen, die ihm besonders am Herzen liegt oder deren Überzeugungen sich mit seinen eigenen decken. Das Problem ist, daß der Partikularismus mit dem Universalismus dann im Widerstreit liegt, wenn die Bindung an eine Gruppe dazu führt, daß die Verletzung der Menschenrechte einer anderen Gruppe gebilligt wird. Menschen, die sich um die Verletzung der Menschenrechte der Palästinenser Sorge machen, sind möglicherweise nicht so engagiert, wenn es um die Verletzung der Menschenrechte von Israelis durch die Palästinenser geht, und umgekehrt.

Die Menschenrechtler stellen ihr Engagement gerne als eine Antipolitik dar, die das Ziel verfolge, die universellen moralischen Forderungen zu verteidigen, mit denen die »politischen« (das heißt, die ideologischen oder religiösen) Rechtfertigungen von Menschenrechtsverletzungen delegitimiert werden sollen. In der Praxis sind Unparteilichkeit und Neutralität jedoch ebenso unmöglich wie ein universeller und gleicher Einsatz für die Menschenrechte eines jeden Individuums. Das Engagement für die Menschenrechte bedeutet, Partei zu ergreifen und Gruppen zu mobilisieren, die mächtig genug sind, um denjenigen in den Arm zu fallen, die die Rechte anderer verletzen. Folglich ist ein effektives Engagement im Bereich der Menschenrechte zwangsläufig parteilich und politisch. Gleichwohl ist Menschenrechtspolitik eine Politik, der durch universelle moralische

Wertvorstellungen gewisse Beschränkungen auferlegt werden. Die Rolle des moralischen Universalismus besteht nicht darin, die Menschenrechtler von der Politik fernzuhalten, sondern ihre Parteilichkeit – ihre Überzeugung, daß eine Seite im Recht ist – dahingehend zu zügeln, daß sie sich auch für die Rechte der anderen Seite einsetzen.

Da die Menschenrechtler davon ausgehen, daß sie universelle Werte und universelle Interessen repräsentieren, haben sie sich nicht immer mit der gebotenen Sorgfalt gefragt, ob sie wirklich die menschlichen Interessen repräsentieren, die zu verteidigen sie behaupten. Sie sind nicht von den Opfergruppen gewählt worden, die sie vertreten, und das ist nach Lage der Dinge auch gar nicht möglich. Aber das beantwortet nicht die Frage, ob sie das Recht haben, für die Menschen zu sprechen, deren Rechte sie verteidigen. Ein im Gegensatz zum moralischen mehr politisch ausgerichtetes Engagement könnte der Frage, wen die Menschenrechtler repräsentieren und wie weit ihr Recht geht, andere Menschen zu repräsentieren, mehr Aufmerksamkeit schenken. Es gibt nur wenige Mechanismen einer echten Rechenschaftspflicht, die die nicht-staatlichen Organisationen mit denjenigen Gruppen in der Zivilgesellschaft verbinden, für deren Interessen sie eintreten.[12]

Auch wenn viele nicht-staatliche Organisationen partikularer sind und weniger Rechenschaft ablegen, als sie behaupten, erfüllen sie doch eine wesentliche Aufgabe. Indem sie Menschenrechtsverletzungen aufdecken und bekannt machen, erinnern sie die Staaten, die die Menschenrechtskonventionen unterzeichnet haben, an ihre Pflichten beziehungsweise zeigen die Kluft zwischen Versprechen und Praxis, Rhetorik und Realität auf. Mit anderen Worten, ohne die von den nicht-staatlichen Organisationen ausgegangene Revolution in bezug auf die Verteidigung der Menschenrechte wäre vieles von dem seit 1945 erarbeiteten Menschenrechtsinstrumentarium eine Revolution auf dem Papier geblieben.

Der Allgemeinen Erklärung der Menschenrechte ging ein moralisches Engagement voraus, das nicht auf bestimmte Länder bezogen war. Jeder Einsatz für die Menschenrechte in der modernen Welt hat seinen Ursprung in den Kampagnen zur Abschaffung des Sklavenhandels und der Sklaverei.[13] Doch die Katastrophe von Krieg und Völkermord in Europa gab dem Ideal der moralischen Intervention über nationale Grenzen hinweg sowie der Vorstellung Auftrieb, ein Netzwerk von weltweit tätigen Menschenrechtlern könnte die jeweiligen Staaten dazu bringen, im Namen universeller Werte in Staaten zu intervenieren, die sich Menschenrechtsverletzungen haben zuschulden kommen lassen. Dank des ständig gewachsenen Einsatzes für die Menschenrechte ist die internationale Politik demokratisiert worden, und der Druck, den Menschenrechtler auf die staatlichen Akteure ausüben – man denke an die Kampagnen für die sowjetischen Juden oder an den internationalen Kampf gegen die Apartheid – hat die meisten Staaten gezwungen, in ihrer Außenpolitik bestimmten Werten und Interessen zumindest verbal Aufmerksamkeit zu schenken. Menschenrechtsüberlegungen dienen heute in wachsendem Maße zur Begründung der Forderung, daß bei einem Auseinanderdriften von Werten und Interessen, die Werte die Oberhand haben sollten. Diese neue Realität spiegelt sich zunehmend in den Vereinten Nationen wider. Bis zu den sechziger Jahren vermied es die Organisationen der UNO tunlichst, das Verhalten von Mitgliedsstaaten auf dem Gebiet der Menschenrechte zu kritisieren.[14] Das Apartheid-Regime in Südafrika bildete die erste Ausnahme, und diesem Durchbruch folgten weitere: die Kritik an der griechischen Junta in den siebziger Jahren und die Kritik an der Repression in den Ostblockstaaten in den achtziger Jahren. Nachdem vierzig Jahre lang die staatliche Souveränität oberster Wert gewesen war, beschlossen die Vereinten Nationen in den neunziger Jahren, ihr eigenes Netz zum Schutz der Menschenrechte unter der Leitung des Hohen Kommissars für Menschenrechte zu schaffen.[15] Das Büro des Kommissars ist finanziell immer noch nicht hinreichend ausgestattet und wird von den Mitgliedsstaaten der UNO nicht wirklich unterstützt, und der Kommissar ist lediglich befugt, Regierungen, die Menschenrechtsverletzungen begangen haben, zu benennen und zu verurteilen. Und dennoch: Je häufiger ein Staat wegen seiner Menschenrechtssituation kritisiert wird, desto schwieriger wird es für ihn, sich internationale Kredite oder politische und militärische Hilfe zu verschaffen, wenn er in Gefahr ist. Das Benennen und Anprangern von Menschenrechtsverletzungen hat jetzt reale Konsequenzen. Über die Befugnis hinaus, Regierungen (und Privatunternehmen) zu benennen und anzuprangern, die die Menschenrechtsabkommen verletzen, hat die internationale Gemeinschaft auch neue Instrumente zur Ahndung dieser Rechtsverletzungen geschaffen. Das ist die Revolution in bezug auf die Durchsetzung der Menschenrechte. Das Internationale Gericht in Arusha sprach die ersten Verurteilungen gemäß der Konvention gegen Völkermord seit deren Verabschiedung im Jahre 1948 aus. Die Richter in Den Haag haben die ersten internationalen Verurteilungen wegen Kriegsverbrechen seit den Nürnberger Prozessen ausgesprochen. Es wurde der erste internationale Haftbefehl gegen ein amtierendes Staatsoberhaupt erlassen. Im Kosovo wurden die ersten forensischen Untersuchungen an Stätten durchgeführt, an denen Kriegsverbrechen verübt worden waren. Dies sind zweifellos wichtige Schritte. Das Gericht hat viel getan, um die faktische Straflosigkeit von Verbrechen in Ruanda, Bosnien und im Kosovo zu beenden. Jede Festnahme eines Verdächtigen und jede Verurteilung eines Schuldigen durch ein Gericht tragen dazu bei, eine universelle Rechtsprechung in bezug auf Verbrechen gegen die Menschlichkeit entstehen zu lassen.[16] Diese Gerichte sind freilich vorübergehende Einrichtungen, die geschaffen wurden, um auf zufällige Katastrophen zu reagieren. Der nächste Schritt ist die Schaffung eines ständigen Internationalen Gerichtshofes zur Verfolgung von Straftaten. Die Satzung für ein derartiges Gericht liegt bereits vor; sobald sie von einer Mehrheit von Staaten unterzeichnet worden ist, kann sie in Kraft treten, wobei die darin niedergelegten Befugnisse – hauptsächlich aufgrund der Einwände der Vereinigten Staaten – beschränkt sind.

Die amerikanische Sonderrolle

An diesem Punkt zeigen sich, zumindest was die Rolle der Vereinigten Staaten für die Durchsetzung der Menschenrechte betrifft, einige negative Aspekte. Die Tatsache, daß Amerika auf einer Verwässerung der Befugnisse des Internationalen Gerichtshofes besteht, hat zu einem tiefgreifenden Dissens mit Verbündeten wie Frankreich und Großbritannien geführt, die den Anspruch erheben können, in der gleichen Menschenrechtstradition zu stehen.[17] Die amerikanische Regierung fürchtet nicht nur die Möglichkeit, daß Angehörige der amerikanischen Armee vor Gerichte gestellt werden könnten, die nicht unvoreingenommen sind. Auch ist der Widerstand Amerikas gegen internationale Menschenrechte nicht lediglich einem »Rechts-Narzißmus« geschuldet – also der Auffassung, das Land von Jefferson und Lincoln habe von den internationalen Rechtsnormen nichts zu lernen.[18] Vielmehr glauben die Amerikaner, daß ihre Rechte ihre Legitimität aus ihrem in der Verfassung der Vereinigten Staaten verkörperten Konsens beziehen. Internationalen Menschenrechtsabkommen fehlt ihrer Ansicht nach dieses Element der nationalen politischen Legitimität.[19] Aus diesem Grund hat der amerikanische Kongreß seit den frühen fünfziger Jahren internationale Rechtsabkommen nur sehr widerstrebend ratifiziert. Diese Ratifizierungspraxis – Ratifizierungen haben immerhin den Zweck, diese Abkommen mit nationaler politischer Legitimität auszustatten – hat häufig die vollständige internationale Durchsetzung der Abkommen verzögert oder so viele Einschränkungen und Vorbehalte in bezug auf die Mitwirkung Amerikas mit sich gebracht, daß sie auf eine Schwächung dieser Abkommen hinauslief.

Amerikas widerstrebende Mitwirkung schafft ein höchst paradoxes Verhältnis zu einer sich herausbildenden internationalen Rechtsordnung, die auf Menschenrechtsprinzipien basiert. Seit Eleanor Roosevelt die Leitung des Ausschusses innehatte, der die Allgemeine Erklärung der Menschenrechte formulierte, hat Amerika Menschenrechtsnormen in der ganzen Welt propagiert, während es sich immer gegen die Forderung gewehrt hat, diese Normen hätten auch für amerikanische Bürger und Institutionen zu gelten. Die Utopie, nach der die Menschenrechtler streben – eine internationale Rechtsordnung, die Strafen gegen Staaten verhängen kann –, paßt nicht in die Vorstellung der Amerikaner, daß Rechte ihre Legitimität aus der Ausübung der nationalen, im Willen des Volkes begründeten Souveränität beziehen.

Nach Auffassung der Europäer und Kanadier stellen die amerikanischen Bestimmungen in bezug auf die Todesstrafe eine Verletzung des Rechts auf Leben nach Artikel 3 der Allgemeinen Erklärung der Menschenrechte dar, aber die Mehrheit der Amerikaner glaubt, daß diese Bestimmungen Ausdruck des auf demokratische Weise zum Ausdruck gebrachten Volkswillens sind.[20] Daher werden internationale Einwände im Namen der Menschenrechte sowohl für irrelevant als auch für eine Einmischung gehalten.[21]

Die Menschenrechte und das Streben nach nationaler Unabhängigkeit

Die Einwände des amerikanischen Kongresses gegen das internationale Menschenrechtsinstrumentarium mögen – je nach Perspektive – als Ausdruck der amerikanischen »Sonderrolle« beziehungsweise des amerikanischen »Imperialismus« gesehen werden. Gleichwohl sind die Amerikaner kaum das einzige Volk, das glaubt, seine eigenen politischen und bürgerlichen Rechte seien legitimer und wertvoller als die in internationalen Abkommen niedergelegten Rechte. In den meisten liberalen Demokratien zählen für die Bürger zunächst ihre eigenen Rechte und Rechtsmittel, und erst wenn diese ausgeschöpft sind oder ihnen verweigert werden, berufen sie sich auf Menschenrechtskonventionen und nehmen internationale Einrichtungen in Anspruch. Nationale Gruppen, die keinen eigenen Staat haben – die Kurden, die Kosovo-Albaner und die Tamilen –, bedienen sich zwar der Menschenrechtsargumentation, um auf ihre Unterdrückung hinzuweisen, aber um ihre Lage grundsätzlich zu verändern, streben sie nach einem eigenen Staat und dem Recht, eigene Rahmenbedingungen für den politischen und rechtlichen Schutz ihres Volkes zu schaffen.

Die internationalen Menschenrechte haben insofern den Kampf um nationale Unabhängigkeit gefördert, als die Menschenrechtskonventionen nationalistische Bewegungen ermutigt haben, kollektive Selbstbestimmung zu fordern. Aber bestimmte Gruppen in den Kolonien sowie unterdrückte Minderheiten haben mehr auf die Schaffung eines eigenen Staates als auf den Schutz internationaler Menschenrechtsbestimmungen gesetzt. Das klassische Beispiel dafür, daß nationale Rechte eine höhere Bedeutung haben als Menschenrechte, ist Israel. Die Allgemeine Erklärung der Menschenrechte war in hohem Maße eine Reaktion auf die Leiden des jüdischen Volkes. Doch der starke Wunsch der Überlebenden nach Errichtung eines jüdischen Staates, der in der Lage wäre, die Juden vor Unterdrückung zu schützen, zeigt, daß sie mehr auf einen eigenen Staat als auf die unsicheren Vorteile des Menschenrechtsschutzes innerhalb der Nationalstaaten anderer Völker vertrauten.

Diejenigen, die in der modernen Welt am meisten des Menschenrechtsschutzes bedürfen – heimatlose und staatenlose Völker sowie Minderheiten, die anderen ethnischen oder religiösen Mehrheiten auf Gedeih und Verderb ausgeliefert sind –, neigen dazu, die kollektive Selbstbestimmung anzustreben, wobei das Ziel nach Möglichkeit ein eigener Staat oder, wenn es die Situation erlaubt, Selbstverwaltung im Rahmen einer Autonomieregelung oder einer Föderation mit einem anderen Volk ist. Kollektive Selbstbestimmung bedeutet die Existenz von Rechten, die verteidigt werden können, durch die Souveränität des Volkswillens legitimiert sind und mit Hilfe von Gerichten, Polizei und Strafen durchgesetzt werden. Kein Wunder also, daß nationalistische Bewegungen, die diese Lösung versprechen, für die staatenlosen, heimatlosen und rechtlosen Völker in der ganzen Welt große Anziehungskraft haben.

Die Erlangung der nationalen Unabhängigkeit löst zwar die Menschenrechtsprobleme derjenigen Gruppen, die sich durchgesetzt haben, aber sie kann auch neue Opfergruppen hervorbringen, deren Menschenrechtssituation sich verschlechtert. Nationalisten neigen dazu, die Rechte der Mehrheiten zu schützen und den Minderheiten Rechte zu verweigern. Selbst wenn man davon ausgeht, daß eine nach nationalistischen Vorstellungen durchgesetzte kollektive Selbstbestimmung die Lösung ist, die heute von den meisten verfolgten, auf den Menschenrechtsschutz angewiesenen Gruppen favorisiert wird, haben universalistische Menschenrechtsbestimmungen nach wie vor eine wichtige Funktion. Minderheiten müssen das Recht haben, sich über eine partikulare und ungerechte Handhabung des Rechts durch die ethnischen Mehrheiten, mit denen sie zusammenleben, zu beschweren. Dies gilt besonders dort, wo – wie im Fall Israels –, ethnische Mehrheiten über Völker herrschen, die keine Staatsbürger sind und nicht den vollen verfassungsmäßigen Schutz der nationalen Gesetze genießen. An Orten wie den besetzten Gebieten auf der West Bank benötigen die Palästinenser, die unter israelischer Militärherrschaft stehen, die Überwachung und den Schutz internationaler und nationaler Rechte.

Selbst Gesellschaften, deren Minderheiten vollständig in die nationale Rechtsordnung einbezogen sind, profitieren von den mit den internationalen Menschenrechten verbundenen Rechtsmitteln. Alle Gesellschaften bedürfen einer rechtlichen Legitimationsgrundlage für das Recht, gesetzmäßigen, aber unmoralischen Befehlen den Gehorsam zu verweigern. Die Menschenrechte sind eine solche Legitimationsgrundlage. Die wesentliche Aussage der Menschenrechte ist, daß es keine Entschuldigung für die unmenschliche Behandlung von Menschen gibt. Insbesondere gibt es keine akzeptable Rechtfertigung dafür, Menschen mit dem Hinweis auf die nationale Sicherheit, militärische Erfordernisse, einen Belagerungszustand oder Notstand eine menschenwürdige Behandlung oder ein ordentliches Gerichtsverfahren zu verweigern. Rechte können allenfalls im äußersten Notfall aufgehoben werden, aber diese Aufhebung muß vor den gesetzgebenden Körperschaften und den Gerichten begründet werden und zeitlich begrenzt sein.

Eine weitere wesentliche Funktion der internationalen Menschenrechtsabkommen besteht selbst in Gesellschaften mit einer gut funktionierenden Rechtsordnung darin, einen universalistischen Standpunkt zu formulieren, von dem aus nationale Gesetze kritisiert und revidiert werden können. Einen solchen Standpunkt stellt die Europäische Menschenrechtskonvention seit 1952 für die nationalen Rechtsordnungen der europäischen Staaten dar, und vergleicht man ihre Rechtsnormen mit denen der Nationalstaaten, zeigt sich, daß sie zur Förderung und Verbesserung des Schutzes der Rechte durch die jeweilige nationale Gesetzgebung beigetragen hat.

Das ist also der Stand der Dinge fünfzig Jahre nach der Menschenrechtsrevolution. Die meisten Menschen sind auf die Rechte angewiesen, die der Staat, in dem sie leben, ihnen garantiert; diejenigen, die keinen Staat haben, streben danach und kämpfen in manchen Fällen auch dafür. Obwohl es nach wie vor hauptsächlich der Nationalstaat ist, der den Schutz von Rechten gewährleistet, haben internationale Menschenrechtsbewegungen und -abkommen einen bedeutsamen Einfluß auf die nationalen Rechtsordnungen erlangt. Wenngleich die internationale Ordnung nach wie vor so »programmiert« ist, daß sie die staatliche Souveränität schützt, ist die Ausübung der staatlichen Souveränität in der Praxis bis zu einem gewissen Grad an das richtige Verhalten in Menschenrechtsfragen gebunden. Wenn Staaten in dieser Hinsicht versagen, ziehen sie Kritik, Sanktionen und, im äußersten Fall, eine Intervention auf sich.

Die Grenzen der Menschenrechte

In dem Maße, in dem die internationalen Menschenrechte an Einfluß und Autorität gewonnen haben, haben sich die Grenzen ihres Geltungsbereichs und ihres Auftrags verwischt. Wie soll das Verhältnis zwischen internationalen Menschenrechten und staatlicher Souveränität aussehen? Wann ist eine Intervention zur Beseitigung von Menschenrechtsverletzungen in anderen Staaten gerechtfertigt? Das Unvermögen, auf diese Probleme schlüssige Antworten zu geben, hat zu einer zunehmenden Unsicherheit in bezug auf den Geltungsbereich der internationalen Menschenrechte geführt.

Die Revolution in Sachen Menschenrechte hat die Erwartungen so gewaltig gesteigert, daß es nicht überrascht, daß die Realität der Menschenrechtspraxis Enttäuschung hervorruft. Die Rechte und Verantwortlichkeiten, die der Menschenrechtsdiskurs impliziert, sind universell, während die Mittel – Zeit und Geld – durchaus begrenzt sind. Wenn die moralischen Zwecke universell, die Mittel jedoch begrenzt sind, kann Enttäuschung nicht ausbleiben. Die Menschenrechtler würden sich nicht so hohe Ziele setzen und wären weniger leicht zu enttäuschen, wenn sie einschätzen könnten, wo die Grenzen des Menschenrechtsdiskurses liegen – oder liegen sollten.

Die erste Grenze ergibt sich aus der logischen und formalen Stringenz. Gerade weil der Zweck des Menschenrechtsdiskurses darin besteht, die Fähigkeit der Menschen zum selbstbestimmten Handeln zu schützen und zu stärken, müssen die Menschenrechtler, wollen sie nicht ihren eigenen Prinzipien zuwider handeln, die Autonomie der Menschen respektieren. Das gleiche gilt für die kollektive Ebene: Wenn der Menschenrechtsdiskurs menschliche Gruppen in ihrem Wunsch nach Selbstbestimmung bestärkt, muß er das Recht dieser Gruppen respektieren, selbst zu bestimmen, wie sie ihr kollektives Leben gestalten möchten, vorausgesetzt, daß dieses Leben den minimalen Voraussetzungen entspricht, die für die Geltung von Menschenrechten erforderlich sind.

Theoretisch akzeptieren die Menschenrechtler diese Grenze zwar, verwässern sie aber gerne zu der vagen Forderung, bei der Anwendung universeller moralischer Normen müsse man sensibel für die jeweiligen kulturellen Besonderheiten sein. Diese Grenze bedeutet jedoch mehr. Wenn Menschenrechtsprinzipien dazu da sind, die Fähigkeit der Menschen zum selbstbestimmten Handeln zu stärken und das kollektive Recht auf Selbstbestimmung zu bestätigen, dann muß sich die Menschenrechtspraxis um Zustimmung zu ihren Normen bemühen und sich der Einmischung enthalten, wenn diese Zustimmung nicht freiwillig gegeben wird. Nur in genau definierten Notfällen – wenn Menschenleben auf dem Spiel stehen – können Interventionen zur Durchsetzung der Menschenrechte gerechtfertigt sein. Der Grundsatz, daß eine Zustimmung auf der Basis umfassender Informationen erteilt wird, dient in den liberalen Demokratien dazu, Menschen vor gut gemeinten, aber potentiell schädlichen medizinischen Eingriffen zu schützen. Der gleiche Grundsatz sollte für Interventionen im Namen der Menschenrechte gelten. Wenn etwa religiöse Gruppen beschließen, daß Frauen bei den Ritualen der Gruppe eine untergeordnete Stellung haben sollten und die Frauen diese Stellung akzeptieren, gibt es keine Veranlassung für eine Intervention mit der Begründung, Gleichheitsgrundsätze seien verletzt worden.[22] Die Menschenrechtsprinzipien implizieren, daß Gruppen, die andere Gruppen nicht aktiv verfolgen oder ihren eigenen Mitgliedern nicht aktiv Schaden zufügen, so viel Autonomie haben sollten, wie es ihre Rechtsordnung erlaubt.[23]

Festzustellen, daß die Menschenrechte nur in einem gewissen Umfang Interventionen im Namen moralischer Prinzipien rechtfertigen können, ist um so wichtiger, als mindestens ein Machtzentrum, das den westlichen Menschenrechten Grenzen setzte, mittlerweile zusammengebrochen ist. Nach 1945 gab es nämlich nicht nur eine, sondern zwei Menschenrechtskulturen. Die kommunistische Tradition der Menschenrechte – die das Schwergewicht auf wirtschaftliche und soziale Rechte legte – hinderte die kapitalistische Menschenrechtstradition – die die politischen und bürgerlichen Rechte betonte – daran, zu weit übers Ziel hinauszuschießen. Seit der Schlußakte von Helsinki von 1975, in der der sowjetisch beherrschte Block seinen Bürgern das Recht auf Menschenrechtsorganisationen zugestand, gibt es eine globale Menschenrechtskultur. Nach dem Zusammenbruch des Kommunismus hat der Westen mehr als je zuvor freie Hand, sich in die Angelegenheiten von zerfallenen Staaten oder solchen Staaten einzumischen, die die Menschenrechte verletzt haben. Doch diese Eingriffe haben die Grenze zwischen den Rechten von Staaten und den Rechten von Bürgern, die in diesen Staaten unterdrückt werden, mehr verwischt als klar umrissen. In dem Maße, in dem sich der Westen häufiger, jedoch immer konzeptionsloser in die Angelegenheiten anderer Gesellschaften einmischt, wird die Legitimität seiner Menschenrechtsnormen in Frage gestellt. Die Menschenrechte werden zunehmend als das Instrumentarium eines moralischen Imperialismus gesehen, der ebenso rücksichtslos und verblendet sei wie die koloniale Hybris von einst.

Die Menschenrechte würden ihren imperialen Charakter verlieren, wenn sie einen politischeren Charakter bekämen, das heißt, wenn sie dahingehend verstanden würden, daß sie nicht der Verkündung und Durchsetzung ewiger Wahrheiten, sondern der Konfliktlösung dienen. Ein solches Menschenrechtsverständnis bedeutet allerdings zu akzeptieren, daß die Menschenrechtsprinzipien miteinander im Widerstreit liegen. Diejenigen Menschenrechtler, die der Meinung sind, die Allgemeine Erklärung sei ein umfassender Katalog aller wünschenswerten Ziele des menschlichen Lebens, begreifen nicht, daß diese Ziele – Freiheit und Gleichheit, Freiheit und Sicherheit, privates Eigentum und distributive Gerechtigkeit – miteinander im Widerstreit liegen und daß daher auch die Rechte, die diese Ziele als Ansprüche begründen, ebenfalls miteinander im Widerstreit liegen. Wenn Rechte miteinander kollidieren und wenn es keine unumstrittene moralische Rangordnung der Rechtsansprüche gibt, dann kann man Rechte auch nicht als Trümpfe ausspielen.[24] Die Idee, Rechte stellten Trümpfe dar, impliziert die Vorstellung, Rechte entschieden die politische Diskussion, sobald sie in die Diskussion eingeführt werden. Dabei ist genau das Gegenteil der Fall. Wenn aus politischen Forderungen Rechtsansprüche gemacht werden, besteht die reale Gefahr, daß das anstehende Problem unlösbar wird, denn eine Forderung einen Rechtsanspruch zu nennen, bedeutet, sie – zumindest im allgemeinen Verständnis – für nicht verhandelbar zu erklären.[25] Das Erreichen von Kompromissen wird nicht dadurch erleichtert, daß von Rechtsansprüchen gesprochen wird. Wenn Menschenrechte also keine Trümpfe darstellen und einen Geist unversöhnlicher Konfrontation erzeugen, wozu sind sie dann gut? Rechte schaffen bestenfalls einen gemeinsamen Rahmen, ein gemeinsames System von Bezugspunkten, das den Konfliktparteien bei der Suche nach Lösungen helfen kann. Eine gemeinsame Sprache muß das Erreichen eines Einvernehmens jedoch nicht unbedingt erleichtern. In der amerikanischen Abtreibungsdiskussion sind sich beispielsweise beide Seiten darin einig, daß der inhumane Umgang mit einem Menschenleben verhindert werden sollte und daß ein Menschenleben Anspruch auf besonderen rechtlichen und moralischen Schutz hat.[26] Doch das stellt kaum eine gemeinsame Basis dar, da die beiden Seiten sich nicht darin einig sind, wann das menschliche Leben beginnt und ob die Ansprüche der Mutter oder die des ungeborenen Kindes mehr Gewicht haben sollten. Dieses Beispiel zeigt, daß es eine Illusion ist anzunehmen, die Funktion der Menschenrechte bestehe darin, einen höheren Bereich gemeinsamer moralischer Werte zu definieren, der Konfliktparteien hilft, eine gemeinsame Basis zu finden. Ein breiter Konsens in der Bewertung der Menschenrechte mag eine notwendige Bedingung für einen Diskussionsprozeß sein, an dessen Ende eine Einigung steht, aber sie ist keine hinreichende Bedingung. Weitere politische Faktoren müssen hinzukommen: Alle Seiten müssen des Konflikts überdrüssig sein, sich gegenseitig respektieren und einander anerkennen; neben dem Eintreten für universelle moralische Werte müssen diese Bedingungen gegeben sein, damit eine Einigung erzielt werden kann.

Sodann möchte ich die Illusion kritisieren, die Menschenrechte stünden über der Politik und stellten gleichsam Trumpfkarten dar, die politische Meinungsverschiedenheiten schlichten und aus der Welt schaffen könnten. Menschenrechtsargumente, die von allen Parteien geteilt werden, können dazu beitragen, diese Parteien miteinander zu versöhnen, vorausgesetzt, daß jede Seite der partikularen Interpretation universeller Forderungen Respekt entgegenbringt. Darüber hinaus verleiht der Menschenrechtsdiskurs den anstehenden Problemen ein stärkeres Gewicht. Er erinnert die Streitenden an den moralischen Charakter ihrer Forderungen, was sich positiv auswirken kann. Wenn jede Seite der anderen zubilligt, ein bestimmtes Recht einzufordern, hört der Konflikt für die Kontrahenten auf, ein Konflikt zwischen Gut und Böse zu sein, und wird zu einem Konflikt konkurrierender Rechte. Die Lösung dieses Konflikts erfolgt nicht im abstrakten Reich der Zwecke, sondern im Reich der Mittel. Die Menschenrechte sind nichts anderes als Politik, die die Aufgabe hat, moralische Zwecke konkreten Situationen anzupassen, und die bereit sein muß, schmerzhafte Kompromisse nicht nur zwischen Zwecken und Mitteln, sondern auch zwischen den Zwecken selbst einzugehen.

Aber in der Politik geht es nicht nur um Diskussions- und Meinungsbildungsprozesse. Menschenrechtsargumente sollen auch daran erinnern, daß es nicht zu duldende Übergriffe gegen Menschen gibt und daß Entschuldigungen für diese Übergriffe nicht akzeptabel sind. Menschenrechtsargumente zeigen uns folglich, wann argumentative Auseinandersetzungen und Kompromisse unmöglich geworden sind. Aus diesem Grund dienen Menschenrechtsargumente mitunter dazu, den Einsatz von Gewalt zu begründen und Menschen für diesen Einsatz zu mobilisieren. Angesichts des Konfliktcharakters von Rechten und der Tatsache, daß vielen Formen der Unterdrückung nicht durch Argumente und Diskussionen beizukommen ist, gibt es – genau zu definierende – Gelegenheiten, bei denen die Menschenrechte als Politik zu einem Schlachtruf, einem Ruf zu den Waffen werden.

Menschenrechte und Selbstbestimmung

Kam das Bekenntnis zu den Menschenrechten während des Kalten Krieges einer Rebellion gleich, sind sie heutzutage zu einem »Mainstream« geworden, der Eingang in die Politik von Staaten, von multilateralen Finanzinstitutionen wie der Weltbank sowie der Vereinten

Nationen gefunden hat. Die außenpolitische Rhetorik der meisten westlich-liberalen Staaten beschwört ständig die Notwendigkeit, als Gegengewicht zu den nationalen Interessen Werte, insbesondere die Menschenrechte, gebührend zu berücksichtigen. Aber die Menschenrechte sind nicht lediglich ein zusätzlicher Posten auf der politischen Prioritätenliste der Staaten. Werden sie ernstgenommen, können sie wichtige Interessen in Frage stellen, wie beispielsweise die umfangreichen Rüstungsexporte eines Landes. Länder wie Großbritannien oder die Vereinigten Staaten sind nicht glaubwürdig, wenn sie Indonesien oder die Türkei wegen ihrer Menschenrechtssituation verurteilen und ihr Militär gleichzeitig mit Fahrzeugen oder Waffen ausstatten, die für die Unterdrückung der zivilen Opposition eingesetzt werden können. Wenn Interessen durch Werte nicht wirklich eingeschränkt werden, wird eine »ethische Außenpolitik« – das selbstgesteckte Ziel der britischen Labour-Regierung – zu einem Widerspruch in sich selbst.

Werte und Interessen im Umgang mit Staaten in Einklang zu bringen, die die Menschenrechte verletzen, ist nicht nur ein praktisches Problem. Darüber hinaus gibt es einen Konflikt zwischen dem Schutz der Menschenrechte von Einzelpersonen und der Aufrechterhaltung der Stabilität eines Nationalstaates. Warum sollte staatliche Stabilität ein Anliegen von Menschenrechtlern sein? Ganz einfach deswegen, weil stabile Staaten die Möglichkeit bieten, Menschenrechte zu verwirklichen, und weil sie nach wie vor die wichtigste Schutzmacht für individuelle Menschenrechte sind.

Im Zeitalter der Menschenrechte müssen Staaten die schwierige Aufgabe bewältigen, einerseits die Menschenrechte einzuhalten und andererseits eine kritische oder unterdrückte Opposition oder eine ethnische, nach Selbstbestimmung strebende Minderheit im Zaum zu halten. Separatistische Bestrebungen, die sich häufig terroristischer Mittel bedienen, gefährden manchmal die Einheit eines Staates. Viele Staaten, wie Großbritannien in Nordirland, haben die separatistischen Bestrebungen eingedämmt, ohne größere Menschenrechtsverletzungen zu begehen. Andere, wie die Türkei und Serbien, haben auf separatistische Bestrebungen mit repressiven Maßnahmen reagiert, denen die Menschenrechte zum Opfer gefallen sind. Selbst wenn separatistische Bestrebungen nicht deutlich erkennbar sind, spielen repressive Regime die von ihnen ausgehende Bedrohung hoch, um ihre autoritäre Herrschaft zu rechtfertigen. Für China sind Menschenrechtsverletzungen der Preis für die Aufrechterhaltung der Einheit eines kontinentalen Nationalstaates, der dem Druck vieler regionaler, ethnischer, religiöser und tribalistischer Kräfte ausgesetzt ist. Wenn der chinesischen Führung Beschwerden über Menschenrechtsverletzungen vorgetragen werden, beschwört sie sogleich das Gespenst eines Bürgerkriegs, behauptet, mit anderen Worten, die Verwirklichung der Menschenrechte und die Aufrechterhaltung der staatlichen Stabilität seien letztlich unvereinbar.

Viele dieser Argumente dienen der Verteidigung der Privilegien und der Aufrechterhaltung des politischen Machtmonopols der Partei. Chinesische Menschenrechtler halten ihnen entgegen, die beste langfristige Garantie für die Einheit des chinesischen Staates sei ein demokratisches System, das die Menschenrechte respektiert.[27] Sie weisen auch darauf hin, daß die Liberalisierung des Handelns und die Schaffung freier Märkte nicht zwangsläufig Menschenrechte und Demokratie mit sich bringen. Es sei durchaus möglich, eine autoritäre Politik mit freien Märkten, eine despotische Herrschaft mit privatem Eigentum zu verbinden. Wenn der Kapitalismus an die Pforten einer geschlossenen Gesellschaft klopfe, fungiere er nicht unbedingt als ein trojanisches Pferd für die Menschenrechte. Die Menschenrechte fänden nur dann Eingang in autoritäre Gesellschaften, wenn die Menschenrechtler ihr Leben riskierten, um in der Bevölkerung die Forderung nach diesen Rechten zu verankern, und wenn ihre Aktivitäten von einflußreichen Ländern konsequent und offen unterstützt würden.

Auf die Rechtfertigungen autoritärer Einparteienregierungen müssen wir nicht weiter eingehen, aber der Konflikt zwischen Menschenrechten und staatlicher Stabilität ist dann ernst zu nehmen, wenn die fragliche Regierung nicht repressiv und autoritär ist und wenn die

Menschenrechtsforderungen die Form einer kollektiven Forderung nach territorialer Autonomie, Selbstverwaltung oder Abspaltung annehmen. In diesen Fällen wollen die westlichen Staaten den Menschenrechten zwar Geltung verschaffen, aber nicht um den Preis der Zerstückelung funktionsfähiger Demokratien und der Vergrößerung der Zahl der nicht lebensfähigen, zusammengebrochenen oder geteilten Staaten, die es heute auf der Welt gibt. Nach dem Ende des Kalten Krieges sind die meisten Staaten zwischen den grundlegenden Zielen ihrer Politik hin und her gerissen: einerseits für die Menschenrechte einzutreten und andererseits Staaten zu stützen, deren Stabilität als wichtig eingeschätzt wird.

Manche Menschenrechtler leugnen diesen Konflikt zwischen staatlicher Stabilität und Menschenrechten. Sie meinen, die beste Garantie für staatliche Stabilität müsse darin bestehen, in den betreffenden Staaten Demokratie, Menschenrechte und Gerechtigkeit zu verwirklichen. Langfristig mag das richtig sein, aber kurzfristig – und das ist die Zeitspanne, in der Regierungen tätig sind – liegen Demokratie und Menschenrechte häufig miteinander im Widerstreit, und die Souveränität einer Mehrheit wird oftmals durch die Vertreibung einer Minderheit, also durch ethnische Säuberung, erreicht. Es kann auch vorkommen, daß die durch die Einführung der Demokratie ausgelösten Konflikte zum völligen Zusammenbruch des Staates und zu einem Krieg aller gegen alle führen.

Das Hauptproblem der nach dem Ende des Kalten Krieges entstandenen Weltordnung war der Zerfall der staatlichen Ordnung in drei wichtigen Teilen der Erde – auf dem Balkan, in den Regionen um die großen Seen in Afrika und in den südlichen, islamisch geprägten Grenzgebieten der ehemaligen Sowjetunion.[28] Der staatliche Zerfall war teilweise durch schwerwiegende Menschenrechtsverletzungen verursacht, die von despotisch herrschenden ethnischen Mehrheiten begangen wurden, welche – vergeblich – versuchten, stabile Nationalstaaten zu schaffen. Doch teilweise beruhte er auch auf den destruktiven Auswirkungen der Forderungen nach territorialer Autonomie und Unabhängigkeit von seiten separatistischer Gruppen. Die westlichen Regierungen, die das Abgleiten dieser Regionen in Bürgerkriege beobachten, gelangen zu Recht zu dem Schluß, daß die Wiederherstellung der Stabilität – auch wenn diese autoritär und undemokratisch ist – wichtiger ist als Demokratie und Menschenrechte. Mit anderen Worten, Stabilität kann höher bewertet werden als Gerechtigkeit.

Die meisten westlichen Staaten umgehen das moralische Dilemma, zwischen Rechten und Stabilität entscheiden zu müssen. Sie bekennen sich verbal zu den Menschenrechten, während sie zugleich Staaten helfen oder in Staaten investieren, die auf dem Gebiet der Menschenrechte kläglich versagen. Während dies gewöhnlich als Heuchelei ausgelegt wird – den Worten folgen keine Taten –, handelt es sich in Wirklichkeit um einen echten Konflikt.

Worum es hierbei geht, läßt sich gut am Beispiel der Kurden zeigen. Sie kämpfen nicht nur um die Verbesserung ihres staatsbürgerlichen Status, sondern auch um ihre Selbstbestimmung als Volk. Kurdische Menschenrechtskampagnen sind in ihrer wesentlichen Zielsetzung nicht unpolitisch und auf individuelle Rechte ausgerichtet. Sie fordern kollektive Selbstbestimmung und richten sich somit gegen die türkische, syrische, iranische und irakische Regierung. Es ist keineswegs klar, wie sich Autonomie für die Kurden in der Praxis mit der territorialen Integrität dieser Staaten vereinbaren ließe. Da sich der Westen diesem Konflikt seiner eigenen Prinzipien nicht stellt, stellen seine Interventionen auch niemanden zufrieden. Die Türken betrachten die Kritik des Westens in bezug auf die Menschenrechte als Einmischung in ihre inneren Angelegenheiten, während die Kurden die Unterstützung des Westens für ihren Kampf für unaufrichtig halten.

Am Beispiel der Kurden ist auch die politische Naivität erkennbar, die häufig die Wirksamkeit des Engagements für die Menschenrechte einschränkt. Zu lange wurden die Menschenrechte lediglich als eine Art unpolitischer humanitärer Rettungsanker für unterdrückte Menschen gesehen. So setzen sich Menschenrechtler für Gruppen oder einzelne Personen ein, die in den betreffenden Staaten im Gefängnis sitzen oder unterdrückt werden, ohne sich der politischen Problematik zu stellen, die darin besteht, in den vier Staaten mit einer kurdischen Minderheit einen verfassungsmäßigen Rahmen zu finden, der deren Rechte garantiert, ohne eine Unabhängigkeitsdynamik auszulösen, die die ganze Region in einen Bürgerkrieg stürzen würde. Keiner der fraglichen Staaten wird sich einer Einmischung von außen beugen. Der einzige gangbare Weg besteht in langen und beharrlichen Verhandlungen zwischen westlichen Regierungen und den Staaten in der Region, bei denen es darum geht, diese Staaten zu einer Lockerung ihrer Einheitsideologie zu bewegen, damit Minderheitsgruppen wie die Kurden die Möglichkeit erhalten, den Schutz ihres sprachlichen und historischen Erbes mit bestimmten Autonomieformen und verfassungsmäßig geschützten Minderheitenrechten zu verbinden.[29] Leider haben die westlichen Staaten mehr Interesse daran, die Türkei als einen verläßlichen Verbündeten in dieser Region zu haben, als auf eine Änderung der türkischen Verfassung zu drängen. Ein weiteres Alibi für die Untätigkeit des Westens ist die Gespaltenheit der Kurden. Es ist schwer, die Interessen einer Opfergruppe zu vertreten, wenn deren Eliten ihre Energien damit verschwenden, sich gegenseitig zu bekämpfen, und es liegt weder in der Macht unabhängiger Menschenrechtsorganisationen noch westlicher Regierungen, diesem kurdischen Machtkampf ein Ende zu bereiten. Da das Drängen auf weitreichende Verfassungsänderungen in der von Kurden bewohnten Region zu Recht als eine unzulässige Einmischung in die Souveränität bestehender Staaten aufgefaßt wird, sind diejenigen westlichen Staaten, auf deren Agenda die Menschenrechte stehen, zu einer Strategie der stillen Diplomatie gezwungen, die sowohl auf die Regierung als auch auf die unterdrückte Minderheit einwirkt. Sie hilft beiden diskret und arbeitet zugleich darauf hin, die Positionen beider Seiten aufzuweichen, was zur Folge hat, daß die Legitimität ihres eigenen moralischen Anspruchs abgewertet wird.

Die gleiche Unfähigkeit, den Schutz der Menschenrechte mit der Aufrechterhaltung der Stabilität in Einklang zu bringen, hat die westliche Politik gegenüber Indonesien belastet. Seit 1975 haben Journalisten und Menschenrechtler die Besetzung der ehemaligen portugiesischen Kolonie Osttimor durch Indonesien kritisiert. Doch solange Indonesien als ein Bollwerk des ostasiatischen Sicherheitssystems der Vereinigten Staaten betrachtet wurde, solange die territoriale Integrität des riesigen Inselarchipels das übergeordnete Ziel der westlichen Politik war, wurde nichts unternommen, um die Unterdrückung der Osttimoresen durch Indonesien zu stoppen. Wie also ist es zu erklären, daß der Westen 1998 mit einem Mal anfing, sich intensiv für die Menschenrechtssituation in Osttimor zu interessieren? Nach dem Zusammenbruch des Sowjetsystems gab es keine glaubhafte kommunistische Bedrohung in Ostasien mehr, die ein weiteres Stillhalten gegenüber dem indonesischen Militär gerechtfertigt hätte. Zweitens war das indonesische Regime durch den Sturz Suhartos und die ostasiatische Wirtschaftskrise derart geschwächt, daß es sich dem Druck, die Menschenrechtssituation zu verbessern, nicht länger widersetzen konnte. Und schließlich sorgte eine einheimische Menschenrechtsorganisation, die von fähigen und mutigen Menschen geführt wurde, dafür, daß die Menschenrechtssituation in Indonesien zu einem Zeitpunkt international angeprangert wurde, als Indonesien internationale Kredite und diplomatische Unterstützung benötigte. Dieses Zusammentreffen verschiedener Druckfaktoren führte dazu, daß Indonesien den Forderungen nach einem Referendum in Osttimor zustimmte, das von westlichen Beobachtern vor Ort überwacht wurde. Der UN-Sicherheitsrat glaubte allerdings, er könnte den Osttimoresen helfen, die Selbstbestimmung zu erreichen, ohne diese Menschen vor dem Zorn der proindonesischen Militärs zu schützen. Er gestand ihnen das Recht zu, Selbstbestimmung zu fordern, ohne ihr Sicherheitsbedürfnis zu respektieren. Die Folgen waren vorhersehbar: das Massaker an Zivilisten, die wirtschaftliche Zerstörung des ohnehin schon armen Landes und schließlich die unvermeidliche Entsendung einer Friedenstruppe in ein nach wie vor zu Indonesien gehörendes Gebiet.

Haben wir den wahrscheinlichen Folgen dieser Intervention für die territoriale Integrität Indonesiens genug Aufmerksamkeit geschenkt? Wenn sich Osttimor abspaltet, wie viele andere Teile eines multiethnischen, multisprachlichen und multikonfessionellen Staates werden dann ebenfalls nach Unabhängigkeit streben? Vielleicht wird es sich als unmöglich erweisen, die Selbstbestimmung der Osttimoresen mit der langfristigen territorialen Integrität des heutigen Indonesien zu vereinbaren. Auch wenn man anerkennt, daß Osttimor ein Sonderfall – eine ehemalige, auf unrechtmäßige Weise annektierte Kolonie – ist, begreifen wir anscheinend nicht, daß die westliche Intervention zum möglichen Zerfall des indonesischen Staates beitragen kann, der viele Menschenleben fordern würde. Auch wenn gesagt wird, dieser Zerfall sei ohnehin unvermeidlich, brauchen wir dennoch eine Politik, die verhindert, daß er das gefährdet, was wir durch unsere Intervention in erster Linie schützen wollten, nämlich die Menschenrechte der Bevölkerung. Denn wir können sicher sein, daß das indonesische Militär nicht ohne einen blutigen Kampf abziehen wird, und wir können auch sicher sein, daß die Selbstbestimmung für einige Gruppen mit dem Blut der unter ihnen lebenden Minderheiten erkauft werden wird.

Noch einmal: Das Problem der westlichen Menschenrechtspolitik besteht darin, daß sie durch die Förderung der ethnischen Selbstbestimmung genau die Stabilität gefährdet, die eine Voraussetzung für den Schutz der Menschenrechte ist. Nachdem in Indonesien der Stein ins Rollen gekommen ist, müssen wir den Indonesiern Entscheidungshilfe in der Frage geben, wo er zum Stillstand kommen soll: Ob die separatistischen Forderungen anderer Minderheiten im Rahmen einer dezentralisierten Demokratie eingedämmt werden können oder ob einige dieser Forderungen eines Tages in die Gründung eines eigenen Staates werden einmünden müssen.

Abgesehen von den Besonderheiten des indonesischen Beispiels müssen Menschenrechtler der Tatsache ins Auge sehen, daß der Kampf für die Menschenrechte separatistische Bestrebungen auslösen kann, die bestehende Staaten bedrohen und die Menschenrechtssituation der Bevölkerung möglicherweise eher verschlimmern als verbessern. Die schmerzhafte Wahrheit ist, daß nationale Selbstbestimmung den individuellen Menschenrechten nicht immer förderlich ist und daß sich Menschenrechte und Demokratie nicht zwangsläufig Hand in Hand entwickeln.

Menschenrechte, Demokratie und verfassungsmäßige Ordnung

Um Demokratie und Menschenrechte miteinander zu verbinden, wird es nicht ausreichen, daß die Politik des Westens das Schwergewicht allein auf die Herstellung der Demokratie legt; zu fördern sind auch verfassungsmäßige Ordnungen, die gewährleisten, daß es ein Gleichgewicht zwischen den Gewalten, Möglichkeiten zur rechtlichen Überprüfung von Entscheidungen der Exekutive sowie Garantien für einklagbare Minderheitenrechte gibt.[30] Demokratie ohne eine verfassungsmäßige Ordnung ist nichts weiter als die Tyrannei einer ethnischen Mehrheit.

Angesichts separatistischer Bestrebungen, welche die territoriale Integrität bestehender Nationalstaaten gefährden, werden die Menschenrechtler mehr tun müssen, als sich für inhaftierte Menschenrechtler einzusetzen. Auch können sie hinsichtlich separatistischer Forderungen nicht neutral bleiben. Sie werden Kriterien entwickeln müssen, um zu entscheiden, welche separatistischen Forderungen in die volle Unabhängigkeit und einen eigenen Staat einmünden sollten und welche durch regionale Autonomie und politische Dezentralisierung erfüllt werden können. Wo Gruppen nachvollziehbare historische Gründe für die Annahme haben, daß sie nicht in Sicherheit und Frieden mit einer anderen Gruppe in einem Staat leben können, mögen sie einen durch ihr Recht auf Selbstverteidigung begründeten Anspruch auf Abspaltung und auf einen eigenen Staat haben. Doch derartige Forderungen sind nicht überall gerechtfertigt. Wo es eine solche historisch gewachsene Feindschaft und eine neuere Geschichte von Gewalttätigkeiten zwischen den verschiedenen Gruppen nicht gibt – wie etwa zwischen Kanada und den Einwohnern von Quebec, zwischen Engländern und Schotten –, lassen sich separatistische Forderungen am besten durch Dezentralisierung und Autonomie innerhalb des bestehenden Nationalstaates erfüllen. Dezentralistische Lösungen schützen Minderheitenrechte in der Regel besser als separatistische. Auf einem Territorium, wo eine ethnische Mehrheit Selbstverwaltung genießt, bleibt sie an die Verfassung gebunden, die sie mit der anderen ethnischen Mehrheit unterzeichnet hat und die beide verpflichtet, ihre Minderheiten zu schützen. Kommt es zu einer vollständigen Abspaltung, entfällt diese wechselseitige Überwachung der Rechte im Rahmen gemeinsamer Institutionen.

Ist ein Staat demokratisch verfaßt, sollten separatistische Forderungen nach Selbstbestimmung soweit wie nur möglich im Rahmen dieses Staates erfüllt werden; doch ist ein Staat nicht demokratisch verfaßt, und widersetzt er sich einer Dezentralisierung zugunsten von Minderheiten und versagt ihnen den Schutz ihres Rechts auf Ausbildung, eigene Sprache und Kultur, können Abspaltung und Unabhängigkeit unumgänglich werden.[31]

Am Beispiel Sri Lankas, wo es seit 1983 eine separatistische Bewegung in der tamilischen Minderheit gibt, die gegen die von den Singhalesen dominierte Regierung gerichtet ist, läßt sich zeigen, wie schwer es ist, Minderheitenrechte, staatliche Souveränität und individuelle Menschenrechte miteinander in Einklang zu bringen. Nach dem Erreichen der Unabhängigkeit von Großbritannien im Jahre 1947 gab es eine starke, viel Verbitterung auslösende Diskriminierung der Sprache der Tamilen, denen außerdem der Zugang zu Staatsämtern verweigert wurde. Doch gewalttätige Auseinandersetzungen – an denen beide Seiten beteiligt waren – begannen erst in den achtziger Jahren. Eine separatistische Forderung mit Unabhängigkeit zu belohnen, würde jetzt bedeuten, eine terroristische Bewegung zu belohnen, an deren Händen viel Blut klebt. Es würde auch bedeuten, die politische Herrschaft über das tamilische Volk einer Gruppe ohne demokratische Legitimation zu übertragen. Auf diese Weise könnte die Abspaltung dazu führen, daß die kollektive Selbstbestimmung der Tamilen die Form einer Einparteiendiktatur annähme; das würde zwar den Tamilen als Volk die Selbstbestimmung geben, die Menschen aber zugleich der Tyrannei ausliefern. Unter diesen Umständen wäre die beste Garantie für die individuellen Rechte der Tamilen und den kollektiven Schutz ihrer Sprache und Kultur nicht ein eigener Staat, wie ihn die Separatisten fordern, sondern weitreichende Selbstverwaltung und Autonomie für das tamilische Volk im Rahmen eines demokratischen Staates Sri Lanka, der nicht mehr von der singhalesischen Mehrheit dominiert würde.[32]

Dieses Beispiel soll deutlich machen, daß es, erstens, erhebliche Gefahren für die Menschenrechte von Einzelpersonen gibt, falls die internationale Gemeinschaft separatistischen Gruppen, die mit terroristischen Mitteln arbeiten, das Recht auf einen eigenen Staat zugesteht; daß, zweitens, jede Erfüllung dieser Forderungen nach Minderheitenrechten nur im Rahmen flexiblerer, weniger zentralistischer und weniger unnachgiebiger Staaten möglich ist. Das Problem besteht nicht darin, den Staat und die aufständische Minderheit dazu zu bringen, die Menschenrechte zu respektieren. Eine langfristige Lösung erfordert institutionelle Regelungen, die verhindern, daß der Staat von einer Gruppe in Besitz genommen, also als Monopol einer bestimmten konfessionellen, ethnischen oder rassischen Gruppe gesehen wird, und die ihm eine neue Rolle zuweisen, nämlich die eines Schiedsrichters, der über die Einhaltung eines staatsbürgerlichen Paktes zwischen verschiedenen ethnischen Gruppen wacht. Eine verfassungsmäßige Ordnung und ein Staat, der die Teilhabe an staatsbürgerlichen Rechten ermöglicht, sind die unabdingbaren Voraussetzungen für den wirksamen Schutz der Menschenrechte in multiethnischen Staaten.

Eine verfassungsmäßige Ordnung bedeutet eine Lockerung des zentralistischen Nationalstaates – ein Volk, eine Nation, ein Staat –, damit dieser angemessen auf die Forderungen von Minderheiten nach Schutz ihres sprachlichen und kulturellen Erbes und nach Selbstbestimmung reagieren kann. Daß sich Gruppen des Staates bemächtigen, ist allerdings in armen Ländern unvermeidlich, in denen der Staat – mit seinen finanziellen Mitteln, Vergünstigungen und Privilegien – die Hauptquelle nicht nur der politischen Macht, sondern auch des sozialen Ansehens und des wirtschaftlichen Wohlergehens ist. Ethnische Konflikte sind in denjenigen Gesellschaften – wie im ehemaligen kommunistischen Jugoslawien oder in einem furchtbar armen Staat wie Ruanda – am heftigsten, wo die Kontrolle über die Staatsmacht die einzige Quelle aller sozialen, politischen und wirtschaftlichen Vorteile ist. Soll das Nullsummen-Spiel des Konkurrierens ethnischer Gruppen um die Staatsmacht durchbrochen werden, müssen Quellen geschaffen werden, aus denen, unabhängig vom Staat, soziale und wirtschaftliche Vorteile erwachsen, damit auch Minderheiten, die sich auf demokratischem Wege nie gegen die Mehrheiten werden durchsetzen können, zu Wohlstand und Ansehen gelangen können. Ist das der Fall, brauchen sie nicht die Abspaltung anzustreben und können in einem Staat verbleiben, in dem eine andere ethnische Gruppe eine demokratische Herrschaft ausübt. Die weiße Minderheit in Südafrika hat beispielsweise einen sicheren Platz in der Wirtschaft und Gesellschaft eines schwarzen Südafrika. Ihre wirtschaftliche Macht schützt sie vor den negativen Auswirkungen der Herrschaftsausübung durch die Mehrheit. Eine unabhängige Zivilgesellschaft ist folglich die wesentliche ökonomische Grundlage für einen multiethnischen Pluralismus, aber auch für eine verfassungsmäßige Regierungsform. Das Eintreten für eine verfassungsmäßige Regierungsform und für die Menschenrechte erfordert eine umfassende Strategie der wirtschaftlichen und sozialen Entwicklung, die auf die Schaffung einer unabhängigen und pluralistischen Zivilgesellschaft abzielt. Nur so kann innerhalb der staatlichen Institutionen das Kontrollsystem zum Tragen kommen, das Minderheiten vor der despotischen Herrschaft der ethnischen Mehrheit schützt. Die umgekehrte Entwicklung findet in Mugabes Simbabwe statt: Da die Regierung einer unabhängigen Zivilgesellschaft, in diesem Fall der weißen Farmerelite, den Kampf angesagt hat, muß es auch der verfassungsmäßigen Ordnung und der Unabhängigkeit der Rechtsprechung den Kampf ansagen, da diese das wichtigste Bollwerk gegen die Willkür der Regierung darstellen.

Daß der Nationalstaat flexibler auf die Forderungen nach Minderheitenrechten reagieren muß, ist eine Sache; darüber hinaus muß die internationale Ordnung die multinationalen und regionalen Organisationen dahingehend stärken, daß sie Völkern und autonomen Regionen Mitwirkungsrechte einräumen können. Dadurch werden Völker, die keinen eigenen Staat haben, in die Lage versetzt, sich international Gehör zu verschaffen und ihre Interessen zu vertreten, ohne auf vollständiger Souveränität zu bestehen und zur weiteren Fragmentierung des Staatensystems beizutragen. Die Europäische Gemeinschaft ermöglicht es den Katalanen, Schotten, Basken und anderen Völkern ohne eigenen Staat, in den Gremien mitzuwirken, die mit der Entwicklung ihrer Regionen befaßt sind. Die Organisation für Zusammenarbeit und Sicherheit in Europa (OSZE) trägt dazu bei, daß Gruppen und nationale Minderheiten auf internationaler Ebene repräsentiert und geschützt werden. Der Kommissar der OSZE für die Rechte von Minderheiten hat Pionierarbeit in den baltischen Staaten geleistet, indem er ihnen geholfen hat, ihre Staatsangehörigkeits- und Sprachgesetze zugunsten des Schutzes der russischen Minderheit zu revidieren.[33] So behalten drei kleine Staaten ihre nationale Unabhängigkeit, ohne sich mit ihrer einstigen Besatzungsmacht zu verfeinden, während die Minderheiten in diesen Staaten wissen, daß mächtige europäische Institutionen über ihre Interessen wachen.[34]

In der sich heute herausbildenden transnationalen Rechtsordnung wird die staatliche Souveränität weniger absolut und die nationale Identität weniger eng definiert werden. Als Folge dessen werden die Menschenrechte innerhalb der einzelnen Staaten durch sich überschneidende Rechtsprechungen geschützt werden. Regionale Organisationen – wie die OSZE – werden in größerem Umfang für die Rechtsprobleme von Minderheiten in den Mitgliedsstaaten zuständig sein, weil aufstrebende Staaten zu dem Schluß kommen werden, daß der Verzicht auf einen Teil ihrer Souveränität in diesem Bereich ein akzeptabler Preis für die Zulassung zum regionalen Club ist. In dem Maße, in dem die staatliche Souveränität durchlässiger wird und einer stärkeren Kontrolle unterliegt, werden Minderheiten weniger Angst haben und daher für separatistische Appelle weniger empfänglich sein.

Gleichwohl ist es utopisch, auf eine Ära ohne staatliche Souveränität zu hoffen. Anstatt die Souveränität als ein überholtes Prinzip zu betrachten, das im Zeitalter der Globalisierung zum Verschwinden verurteilt ist, müssen wir erkennen, daß staatliche Souveränität die Basis des internationalen Systems darstellt und daß Rechtsstaaten die besten Garanten für die Respektierung der Menschenrechte sind. Das ist eine ungewöhnliche und unter Menschenrechtlern umstrittene Auffassung, da diese den Staat seit fünfzig Jahren als die Hauptgefahr für die Menschenrechte von Einzelpersonen betrachten. In der Zeit der totalitären Tyrannei war das auch zutreffend. Heute ergibt sich die Hauptbedrohung für die Menschenrechte allerdings nicht allein aus der Tyrannei, sondern auch aus Bürgerkrieg und Anarchie. Aus diesem Grund entdecken wir erneut die Notwendigkeit einer staatlichen Ordnung, denn sie ist der beste Garant für die Respektierung von Rechten. Man kann mit Sicherheit sagen, daß die Freiheiten der Bürger durch ihre eigenen Institutionen besser geschützt werden als durch gutgemeinte Interventionen von außen.

Die Menschenrechte lassen sich in der heutigen Welt nicht dadurch am besten fördern, daß die ohnehin überbeanspruchten Staaten geschwächt, sondern daß sie in jeder denkbaren Weise gestärkt werden. Das Versagen des Staates kann nicht durch das Menschenrechtsengagement nicht-staatlicher Organisationen wettgemacht werden. Wenn Staaten versagen, muß wesentlich mehr geschehen: Regionale Mächte müssen einen Frieden zwischen den Konfliktparteien vermitteln; friedenserhaltende Streitkräfte müssen dafür sorgen, daß der Waffenstillstand hält; mit multilateraler Hilfe sind Institutionen wie ein funktionierendes Steuersystem, Polizei, Gerichte und ein System der sozialen Grundsicherung aufzubauen. Das Ziel dieser Anstrengungen sollte die Schaffung von Staaten sein, die stark genug und hinreichend legitimiert sind, ihr Gewaltmonopol wiederherzustellen, Ordnung zu schaffen und Rechtsstaatlichkeit herzustellen.

Regierungen, die ihren Bürgern Sicherheit ohne Demokratie geben, sind besser als gar keine Regierungen. Es geht nicht nur darum, daß Demokratie vielleicht nicht möglich ist; es kann auch einen grundsätzlichen Einwand gegen unser Recht geben, auf ihr zu bestehen. In seinem Buch *The Law of Peoples* stellt sich John Rawls eine Gesellschaft mit dem Namen Kasanistan vor, die den Menschen, die nicht muslimischen Glaubens sind, die volle Mitwirkung am politischen Leben verweigert, aber die religiösen und persönlichen Rechte der religiösen und ethnischen Minderheiten respektiert. Ein solcher Staat lebt friedlich in der internationalen Gemeinschaft, auch wenn er in bezug auf die Menschenrechte nicht alle Gleichheitskriterien erfüllt. Ein Kasanistan gibt es so wohl nicht, aber gäbe es dieses Land, würde nach Rawls' – und meiner Auffassung – nichts die Einmischung in seine inneren Angelegenheiten rechtfertigen. Liberale Demokraten, so Rawls, müssen anerkennen, daß Staatsformen, die sich von ihrer eigenen unterscheiden, durchaus einen angemessenen Schutz von Minderheitenrechten und die ordentliche Durchführung von Gerichtsverfahren gewährleisten können.[35]

Das ist nicht die einzige Lektion, die Menschenrechtler aus westlich-liberalen Demokratien lernen sollten. Die andere ist, daß Universalität Konsequenz erfordert. Es ist inkonsequent, anderen Staaten Beschränkungen in Form von internationalen Menschenrechten aufzuerlegen und die Geltung dieser Rechte für den eigenen Staat abzulehnen. Die Anglo-Kanadier haben kein Recht, Lettland, Estland und Litauen zu sagen, wie sie mit den Rechten der russischen Minderheit umgehen sollen, wenn sie sich selbst der Pflicht entziehen, in ihrem Umgang mit der französischen Minderheit oder der eingeborenen Minderheit die Standards der OSZE einzuhalten. Die Amerikaner haben kein Recht, andere Länder wegen ihrer Menschenrechtssituation zu kritisieren, wenn sie selbst nicht bereit sind, in sensiblen Fragen – beispielsweise der Todesstrafe oder der Zustände in amerikanischen Gefängnissen –, die im Widerspruch zu internationalen Rechtsnormen stehen, mit internationalen Organisationen zumindest in einen Dialog einzutreten. Die Verpflichtung, zumindest

Menschenrechte als Politik

einen Dialog zu führen, liegt auf der Hand, und die Verpflichtung der Staaten, das zu praktizieren, was sie verkünden, ist das Mindesterfordernis für eine legitime und effektive Menschenrechtspolitik.

Menschenrechte und militärische Intervention

Wenn sich die gesamte Ordnung eines Staates aufgelöst hat und ein Krieg aller gegen alle ausgebrochen ist oder wenn ein Staat systematisch Gewalt gegen seine eigenen Bürger anwendet, ist die einzige wirksame Methode zum Schutz der Menschenrechte die direkte Intervention, die von Sanktionen bis zum Einsatz militärischer Gewalt reichen kann. Seit 1991 ist dieses »Recht auf humanitäre Intervention« von Regierungen formuliert worden, die ihre Interventionen in Haiti, Somalia, Irak, Bosnien und im Kosovo rechtfertigen wollten.[36] Die Streitkräfte der Westmächte waren seit 1989 häufiger im Einsatz als zur Zeit des Kalten Krieges, und legitimiert wurden diese Aktivitäten mit der Verteidigung der Menschenrechte. Doch die rechtliche Grundlage eines Interventionsrechts ist äußerst unklar.[37] Während die Charta der Vereinten Nationen die Staaten auffordert, sich zu den Menschenrechten zu bekennen, untersagt sie zugleich den Einsatz von Gewalt gegen andere Staaten und die Einmischung in deren innere Angelegenheiten. Die Menschenrechtskonventionen, die die Staaten seit 1945 unterzeichnet haben, gehen zwar implizit davon aus, daß die staatliche Souveränität an der Respektierung der Menschenrechte ihre Grenzen findet, aber diese Begrenzung ist – außer im Menschenrechtskatalog des europäischen Kontinents – im Völkerrecht niemals explizit festgestellt worden. Auch in anderen Dokumenten ist die Kluft zwischen dem in der Charta formulierten Gebot der Nicht-Intervention und den interventionistischen Implikationen der Menschenrechtskonventionen nicht überbrückt worden.

Die Verfasser der Allgemeinen Erklärung der Menschenrechte gingen ausdrücklich davon aus, daß die Erklärung dort Interventionen rechtfertigen würde, wo die Menschenrechte offenkundig verletzt wurden. René Cassin, einer der Verfasser der Erklärung, sagte 1946: »Wenn wiederholte oder systematische Verletzungen der Menschenrechte durch einen Staat auf seinem Gebiet zu einer Bedrohung des Weltfriedens führen (was nach 1933 beim Dritten Reich der Fall war), hat der Sicherheitsrat das Recht, zu intervenieren, und die Pflicht, zu handeln.«[38]

In der Praxis sind die Staaten mit dem Interventionsrecht äußerst vorsichtig umgegangen, und wenn sie interveniert haben, handelte es sich um eine vorübergehende Maßnahme. Wenn also ein Staat seinen elementaren Verpflichtungen – die physische Sicherheit der in seinen Grenzen lebenden Menschen zu garantieren und sie ausreichend mit Nahrungsmitteln zu versorgen – nicht nachkommt oder wenn seine Armee und Polizei fortwährend mit Gewalt gegen Minderheiten oder oppositionelle politische Gruppen vorgehen, kann er vorübergehend sein Recht auf unantastbare Souveränität verlieren. Der Norden des Irak untersteht weiterhin formell der Regierung in Bagdad, wenngleich die Kontrollflüge der Verbündeten die irakische Regierung in der Praxis daran hindern, in der kurdischen Enklave ihre Souveränität auszuüben. Das Kosovo ist zwar ein Protektorat der UNO, aber die Resolution Nr. 1244 des UN-Sicherheitsrats bestätigt ausdrücklich, daß das Gebiet der Hoheitsgewalt Jugoslawiens untersteht.

Diese Vorstellung, daß Interventionen die Souveränität der schuldhaften Partei nicht aufheben, sondern nur vorübergehend außer Kraft setzen, ist ein Versuch, gefährdete Gruppen unter den Schutz der universellen Menschenrechte zu stellen, ohne die Souveränität des betreffenden Staates abzuschaffen. Es gibt allerdings noch einen anderen Grund für die Bedeutung, die der staatlichen Souveränität beigemessen wird: Es soll verhindert werden, daß eine Intervention imperialistischen Zielen dient. Sowohl unsere Menschenrechtsnormen als auch die Charta der Vereinten Nationen ächten den Einsatz militärischer Gewalt zum Zweck territorialer Eroberungen oder der Besetzung bestimmter Gebiete. Daher sollen unsere militärischen Interventionen begrenzt sein. Wir intervenieren nicht, um ein Gebiet zu übernehmen, sondern um Frieden und Stabilität herzustellen und dann wieder abzuziehen; unser Auftrag ist die Wiederherstellung und nicht die Beseitigung von Selbstbestimmung. Dieses konfliktreiche Spannungsverhältnis zu bewältigen, ist nicht leicht. Wir haben jetzt für lange Zeit Protektorate in Bosnien, im Kosovo und in Osttimor und verhalten uns wie eine imperialistische Polizei mit einem imperialistischen Auftrag; ein Ende ist nicht in Sicht.

Wer kann sagen, daß unsere Interventionen seit dem Ende des Kalten Krieges erfolgreich waren? In Bosnien hat die Intervention keine stabile, sich selbst verwaltende Gesellschaft geschaffen. Stattdessen haben wir einen ethnischen Bürgerkrieg eingefroren. Es ist uns nicht gelungen, eine Menschenrechtskultur in gemeinsamen Institutionen zu verankern.

Interventionen stärken nicht die Achtung vor den Menschenrechten, sondern untergraben eher deren Legitimität, weil die Interventionen einerseits erfolglos und andererseits inkonsequent sind. Und doch können wir unser Problem nicht dadurch lösen, daß wir auf jegliche Intervention verzichten. 1994 hat der UN-Sicherheitsrat tatenlos zugesehen, wie in Ruanda Hunderttausende von Tutsis durch einen von der Hutu-Regierung organisierten, koordinierten und zentral gelenkten Völkermord massakriert wurden. Die unterlassene Intervention in Ruanda hat der Glaubwürdigkeit der Menschenrechtsprinzipien mehr geschadet als die späten, partiellen Interventionen im Irak, in Bosnien und im Kosovo.

Was ist also zu tun? Wenn die Menschenrechte universell sind, gehen uns Menschenrechtsverletzungen etwas an, wo immer sie vorkommen. Aber wir können nicht überall eingreifen. Wie können wir effektiv sein, wenn wir mit den uns zur Verfügung stehenden Ressourcen nicht haushalten? Die Einteilung der vorhandenen Ressourcen ist unumgänglich und notwendig, aber wichtig ist vor allem eine klare Grundlage, auf der sich diese Entscheidungen rechtfertigen lassen.

In den späten neunziger Jahren haben sich drei Kriterien herauskristallisiert, nach denen Interventionen vorgenommen werden sollten: 1. Die Menschenrechtsverletzungen müssen schwerwiegend und systematischer Natur sein; 2. sie müssen eine Bedrohung für den Weltfrieden und die Sicherheit der benachbarten Regionen darstellen; 3. die militärische Intervention muß eine echte Chance haben, die Rechtsverletzungen zu beenden.

In der Praxis kommt noch ein viertes Kriterium ins Spiel: Die betreffende Region muß aus kulturellen, strategischen oder geopolitischen Gründen für eine der großen Weltmächte von großer Bedeutung sein, und eine andere Großmacht darf sich dem Einsatz von Gewalt nicht widersetzen. Die Intervention im Kosovo wurde mit diesen Gründen gerechtfertigt: Einerseits wurden die Menschenrechte, andererseits nationale Interessen ins Feld geführt. Die von den Kosovaren erlittenen Menschenrechtsverletzungen drohten Albanien, Mazedonien und Montenegro zu destabilisieren und stellten zugleich eine Bedrohung für den Frieden und die Sicherheit der Region dar.

Das Kriterium des nationalen Interesses soll das moralische Anliegen auf etwas reduzieren, das als letzte Trumpfkarte dienen kann. Im Kosovo und in Bosnien waren Werte und Interessen allerdings fast nicht zu unterscheiden. Die NATO-Mächte intervenierten, um bestimmten Werten Geltung zu verschaffen, die territoriale Integrität der Nachbarstaaten zu schützen und – was am wichtigsten war – die Glaubwürdigkeit der NATO zu demonstrieren, als diese durch den skrupellosen Führer eines kleinen Staates herausgefordert wurde.

Aber Werte und Interessen weisen nicht immer in die gleiche Richtung. Die Idee des nationalen Interesses impliziert, daß dort, wo grobe Menschenrechtsverletzungen den Frieden und die Sicherheit einer Region *nicht* bedrohen, eine militärische Intervention nicht gerechtfertigt ist. Burmas Unterdrückung der zivilen Opposition mag eine klare Verletzung der internationalen Menschenrechtsnormen darstellen, aber solange die militärischen Machthaber keine Bedrohung für ihre Nachbarn sind, besteht nicht die Gefahr einer militärischen Intervention.

Es gibt freilich Fälle, wo die innerstaatliche Repression ein solches Ausmaß annimmt, daß die Interessen sagen »bleib draußen«, während die Werte rufen »geh hinein«. Der Völkermord in Ruanda hätte ein solcher Fall sein sollen, aber da die westlichen Länder kein vitales nationales Interesse geltend machen konnten, um die mit einer Militäraktion verbundenen Risiken einzugehen, sahen sie tatenlos zu, wie 800 000 Menschen starben, was viele Afrikaner zu dem Schluß kommen ließ, daß unser angebliches Eintreten für universelle Werte an rassistischer Voreingenommenheit seine Grenze findet. In Wirklichkeit war Ruanda kein rein interner Völkermord, und unser Unvermögen, ihn zu stoppen, ist eine direkte Ursache für den zunehmenden Zusammenbruch der staatlichen Ordnung in ganz Zentralafrika.

Das Beispiel Ruanda zeigt, daß die Grenze zwischen innerem und äußerem Konflikt schwer zu ziehen ist; daß das Kriterium des nationalen Interesses, das uns an einer Intervention hindert, nicht so klar ist, wie seine Verfechter behaupten; und daß Greueltaten so schrecklich sein können, daß wir eingreifen müssen, auch wenn sie nicht direkt ein nationales Interesse tangieren.

Auch wenn das innenpolitische Verhalten eines Staates keine eindeutige Gefahr für die internationale Ordnung darstellt, kann es ein verläßlicher Indikator dafür sein, daß dies in Zukunft der Fall sein wird. Nehmen wir beispielsweise Hitlers Regime zwischen 1933 und 1938 oder das stalinistische Regime im gleichen Zeitraum. Rückblickend kann kaum bezweifelt werden, daß die mangelnde Bereitschaft der westlichen Regierungen, auf Hitlers und Stalins Innenpolitik mit Sanktionen zu reagieren oder diese auch nur zu verurteilen, beide Diktatoren in ihrem Glauben bestärkt hat, ihre internationalen Abenteuer würden weder auf Widerstand stoßen noch eine Bestrafung nach sich ziehen.

Folglich ist die Grenze zwischen rein innerstaatlichen Menschenrechtsverletzungen und denjenigen Rechtsverstößen, die den internationalen Frieden und die Sicherheit bedrohen, nicht klar zu ziehen, und die aufgeschobenen beziehungsweise zukünftigen Kosten für ein stillschweigendes Übergehen von innerstaatlichen Rechtsverletzungen können immens sein. Dennoch bedeutet die Tatsache, daß in der Regel keine Einmischung in die Angelegenheiten anderer Staaten stattfindet, daß schwache Staaten vor stärkeren geschützt sind und daß unter den nationalen Gemeinschaften ein Minimum an Gleichheit garantiert ist. Zudem wirkt der Grundsatz der Nicht-Einmischung als eine Bremse für vorschnelle, überdimensionierte und unbesonnene Zwangsmaßnahmen. Er schafft einen Spielraum für Sanktionen, Diplomatie und Verhandlungen. Aber was, wenn diese scheitern? Es gibt keine friedlichen diplomatischen Lösungen, wenn man es mit einem Hitler, Stalin, Saddam oder Pol Pot zu tun hat.

Wenn Gewalt ein unverzichtbares Element des Menschenrechtsschutzes ist, stellt sich die Frage, ob wir das internationale System, das derzeit Interventionen eher ausschließt, anders ausrichten müssen. Die meisten kleinen Staaten argwöhnen, jede formelle Festschreibung eines Interventionsrechts könnte zu Interventionen ermutigen, die die Souveränität von Staaten untergraben, gleichviel, ob diese die Menschenrechte achten oder mißachten. Doch diejenigen, die eine Änderung befürworten, sind der Ansicht, daß die internationale Ordnung formell feststellen sollte, was sie in der Praxis ohnehin schon für richtig hält: daß nämlich die staatliche Souveränität dort ihre Grenze findet, wo es um die Einhaltung der Menschenrechte geht, und daß der Sicherheitsrat, wenn die Menschenrechtsverletzungen den internationalen Frieden und die Sicherheit bedrohen, das Recht haben sollte, abgestufte Zwangsmaßnahmen zu beschließen, die von Sanktionen bis zu einer umfassenden militärischen Intervention reichen. Daß es nicht gelingt, im System der Vereinten Nationen formell ein Interventionsrecht zu verankern, bedeutet schlicht und einfach, daß diejenigen, die zu einer Intervention bereit sind, diese Intervention durchführen werden, ohne die Zustimmung der Vereinten Nationen einzuholen.[39]

Es mag wünschenswert sein oder nicht, das internationale System anders auszurichten. In der Praxis besteht ebenso wenig Aussicht auf eine Änderung der Bestimmungen der Charta der Vereinten Nationen in bezug auf Interventionen wie auf eine Reformierung des Vetorechts des Sicherheitsrates oder auf Vergrößerung des Sicherheitsrats. Hinsichtlich der Durchsetzung der Menschenrechte im zwanzigsten Jahrhundert sind uns folglich durch ein internationales System, das 1945 von den Siegermächten geschaffen wurde, die Hände gebunden. Interventionen werden also nur selten internationale Zustimmung finden, weil die Institutionen, in denen sich ein solcher Konsens herausbilden könnte, gar nicht existieren. Die Menschenrechte mögen universell sein, aber die Unterstützung für die Erzwingung ihrer Durchsetzung wird niemals universell sein. Da es den Interventionen an umfassender Legitimität fehlen wird, werden sie immer begrenzt und partiell sein müssen, was bedeutet, daß sie auch nur partiell erfolgreich sein werden.

Mittel und Zwecke

Die Legitimität der Menschenrechtsnormen wird im neuen Jahrhundert dadurch weiter untergraben werden, daß eine Diskrepanz zwischen den von uns verkündeten universalistischen Werten und den Mitteln entstanden ist, mit denen wir sie verteidigen und die darauf ausgerichtet sind, das Risiko möglichst klein zu halten. Seit dem Ende des Kalten Krieges haben die westlichen Staaten, die im Sicherheitsrat vertreten sind, wiederholt versprochen, Zivilisten zu schützen, die Bürgerkriege erleben oder durch Schurkenregime bedroht sind. Derartige Versprechen wurden von der Militärmission der UN in Ruanda und von den UN-Truppen in Srebrenica gemacht.[40] In beiden Fällen vertrauten große Bevölkerungsgruppen auf unser moralisches Versprechen, und für dieses Vertrauen mußten sie einen furchtbaren Preis bezahlen. Auf die Katastrophe von Srebrenica brauche ich hier nicht weiter einzugehen.[41] Ein ausführlicher Bericht der UN an den Generalsekretär hat bereits die notwendigen Lehren gezogen: Wenn die Vereinten Nationen anbieten, die Zivilbevölkerung in sicheren Häfen zu schützen, müssen ihre Mitgliedsstaaten schweres Gerät zur Verfügung stellen, Unterstützung aus der Luft geben und für den Einsatz Richtlinien formulieren, die es erlauben, angreifende Truppen zu bekämpfen und zurückzuschlagen. Das ist keine Arbeit für leichtbewaffnete friedenserhaltende Truppen. Friedenserhaltende Maßnahmen sind ohnehin überholt. Sie können nur eine begrenzte Rolle bei der Überwachung des Waffenstillstands und der Grenzen spielen, die nach einem zwischenstaatlichen Konflikt gezogen werden. Die meisten Kriege seit 1989 sind innere Konflikte zwischen den Armeen zerfallener Staaten und diversen aufständischen Milizen. Beide Seiten benutzen ethnische Säuberungen als Mittel zur Schaffung von Gebieten mit einer ethnisch homogenen Bevölkerung. Unter diesen Umständen gibt es nicht nur keinen zu bewahrenden Frieden, sondern auch keine glaubwürdige neutrale Position. In diesen Situationen kann der Schutz der Menschenrechte nur ein Teil der friedenschaffenden Operationen sein, wobei die internationale Gemeinschaft Partei für die Seite ergreift, die in größerem Maße das Recht auf ihrer Seite hat und massive militärische Gewalt einsetzt, um die Menschenrechtsverletzungen zu beenden und Voraussetzungen für die Wiederherstellung einer stabilen Ordnung in der Region zu schaffen.

Jede militärische oder humanitäre Intervention ist gleichbedeutend mit einem moralischen Versprechen an hilfebedürftige Menschen. Wenn wir ein solches Versprechen machen, sind wir es uns selbst und denjenigen, denen wir helfen wollen, schuldig, genau die Militärstrategie, Richtlinien und Befehlsstrukturen zu entwickeln, die für die Einlösung unseres Versprechens notwendig sind. Unsere Unfähigkeit, dies – in Ruanda und in Bosnien – zu tun, hat die Glaubwürdigkeit der Menschenrechtswerte in den gefährdeten Gebieten der ganzen Welt untergraben. Unschuldige Zivilisten, deren Leib und Leben bedroht sind, haben keinen Grund, irgendeinem Schutzversprechen von UN-Friedenstruppen zu vertrauen. Dies hatte verheerende Auswirkungen auf die Überzeugungskraft der Menschenrechtsnormen.

Menschenrechte als Politik

Intervention als Belohnung für Gewalt

Interventionen sind auch deswegen problematisch, weil wir nicht unbedingt Menschen zu Hilfe kommen, die völlig unschuldig sind. Eine Intervention zwingt uns häufig, in einem Bürgerkrieg Partei für eine Seite zu ergreifen, und das bedeutet oftmals, daß wir uns auf eine Seite schlagen, die sich selbst Menschenrechtsverletzungen hat zuschulden kommen lassen.

Die Frühwarnsysteme unserer Demokratien lösen erst dann Alarm aus, wenn Opfer zu terroristischen Mitteln greifen und Vergeltung üben. Was immer über die Notwendigkeit des frühzeitigen Eingreifens und der Prävention gesagt wird, die internationale Gemeinschaft engagiert sich selten, bevor Gewalt ausgebrochen ist. Dies beschädigt wiederum die Legitimität von Menschenrechtsinterventionen, da es erst zu brutalen Menschenrechtsverletzungen kommen muß. Die Befreiungsarmee des Kosovo (UCK) verletzte die Menschenrechte serbischer Zivilisten, um Vergeltungsschläge auszulösen, die ihrerseits die internationale Gemeinschaft zwingen sollten, zu ihren Gunsten einzugreifen.[42] Der Erfolg der UCK zwischen 1997 und 1999 war ein klassisches Beispiel dafür, wie das Menschenrechtsgewissen des Westen ausgebeutet werden kann, um eine Intervention hervorzurufen, die schließlich zum Sieg der Untergrundkämpfer führte.

Der Westen zögerte seine Entscheidung mehrere Jahre hinaus. Er konnte weder tatenlos zusehen, wie das Kosovo in einem Bürgerkrieg versank, der Albanien, Mazedonien und Montenegro zu destabilisieren drohte, noch konnte er eingreifen und versuchen, die Selbstbestimmung der Kosovaren in geordnete Bahnen zu lenken. Im Laufe der Zeit entschied er sich für die zweite Option. Doch diese militärische Intervention, die im März 1999 stattfand, löste eine echte Menschenrechtskatastrophe aus: die Vertreibung von 800 000 Einwohnern des Kosovo nach Albanien und Mazedonien und das Massaker an bis zu 10 000 Menschen, die im Land geblieben waren.

Die westlichen Verbündeten behaupteten, sie führten einen Krieg für die Menschenrechte. In Wirklichkeit wurden sie durch eine unterdrückte ethnische Mehrheit, deren Untergrundarmee selbst die Menschenrechte verletzt hatte, in einen Krieg hineingezogen. Nachdem das geschehen war, war der Westen nicht in der Lage, die massiven Menschenrechtsverletzungen zu beenden, die als Reaktion auf die Intervention begangen wurden. Und selbst heute weicht der Westen der letztlich entscheidenden Frage aus, ob das Kosovo den Status eines unabhängigen Staates erhalten soll. Die Kosovo-Albaner, die glauben, die ihnen von den Serben zugefügten Menschenrechtsverletzungen, rechtfertigten ihre Forderung nach einem eigenen Staat, fühlen sich jetzt vom Westen verraten; und der Westen fühlt sich durch die Vertreibung der Serben nach der Befreiung des Kosovo verraten. Das macht die Frage des endgültigen Status des Kosovo ungemein kompliziert, denn gewährt man dem Kosovo vollständige Unabhängigkeit, erscheint dies als Belohnung für eine separatistische Bewegung, die mit terroristischen Mitteln gearbeitet hat. Die einzige Lösung scheint ein unbegrenztes UN-Protektorat zu sein, da so die notwendige Entscheidung in bezug auf den endgültigen Status des Kosovo aufgeschoben werden kann. Doch ein unbegrenztes Protektorat bedeutet Imperialismus, und das verstößt gegen das antiimperialistische Ethos unseres Einsatzes für die Menschenrechte.[43]

Manche Menschenrechtler gestehen, daß sie kein Problem damit hätten, wenn der Westen auf dem gesamten Balkan ein unbegrenztes und allgemein gehaltenes »Menschenrechtsprotektorat« ausüben würde. Sie glauben, wir befänden uns inmitten einer tiefgreifenden und langfristigen Verschiebung des Machtgleichgewichts zu Lasten der Nationalstaaten. Für viele Menschenrechtler ist die staatliche Souveränität ein Anachronismus in einer globalisierten Welt. Sie wünschen sich mehr globale Kontrolle, mehr Macht für die internationale Gemeinschaft der Menschenrechtsverfechter, mehr Menschenrechtsprotektorate. Doch ist das klug? Alle Formen der Machtausübung eignen sich zum Mißbrauch, und es gibt keinen Grund, warum eine Macht, die sich durch die Menschenrechte legitimiert, letztlich nicht ebenso anfällig für Mißbrauch sein sollte wie jede andere. Diejenigen, die am Ende mehr Macht haben werden, sind vielleicht nur diejenigen, die ohnehin schon Macht hatten: die Koalitionen der Interventionswilligen, die westlichen Staaten, die über die für eine erfolgreiche Menschenrechtsintervention notwendige militärische Macht verfügen.

Die einzige Lösung im Kosovo, die mit unseren Prinzipien vereinbar ist, muß darauf abzielen, diese Provinz zu einer effektiven Selbstverwaltung zu befähigen und ihre Verwaltung durch UNO, NATO und Europäische Gemeinschaft zu beenden. Entweder glauben wir, daß Völker sich selbst regieren sollten, oder wir glauben es nicht. Eine lang andauernde Verwaltung des südlichen Balkans durch fremde Mächte im Namen der Menschenrechte wird letztlich genau die Prinzipien verletzen, die angeblich verteidigt werden sollen.

Die politischen Dimensionen der Menschenrechtskrise lassen sich somit folgendermaßen zusammenfassen: Wir intervenieren häufiger als je zuvor im Namen der Menschenrechte, aber mitunter verschlimmern unsere Interventionen die Lage. Anstatt die Menschenrechte zu stärken, kann es vorkommen, daß unsere Interventionen deren Legitimität als universalistische Basis der Außenpolitik zerstören.

Die Krise der Menschenrechte ist erstens durch den Umstand bedingt, daß wir nicht konsequent handeln – daß wir Menschenrechtskriterien nicht auf die Starken ebenso wie auf die Schwachen anwenden; zweitens durch unser Unvermögen, individuelle Menschenrechte mit unserem Einsatz für Selbstbestimmung und staatliche Souveränität in Einklang zu bringen; und drittens durch unsere Unfähigkeit, nach einer Intervention die rechtmäßigen und anerkannten Institutionen zu schaffen, die die beste Garantie für den Schutz der Menschenrechte sind.

Diese aus einem inkonsequenten Vorgehen resultierenden Probleme haben Auswirkungen auf die Legitimität der Menschenrechtsnormen selbst. Nicht-westliche Kulturen erleben, auf welch begrenzte und inkonsequente Art und Weise wir Menschenrechtsprinzipien durchsetzen, und gelangen zu dem Schluß, daß mit diesen Prinzipien selbst etwas nicht stimmt. Mit anderen Worten, das politische Versagen hat kulturelle Konsequenzen. Es hat dazu geführt, daß die Kulturen der nicht-westlichen Welt in den Menschenrechten nichts weiter sehen als eine Rechtfertigung für den moralischen Imperialismus des Westens. Da der Westen bei der Durchsetzung der Menschenrechte nicht konsequent gehandelt und nicht deutlich gemacht hat, wo die Grenzen staatlicher Souveränität liegen, wird die Universalität der Normen intellektuell und kulturell in Frage gestellt. Das ist das Thema meines zweiten Aufsatzes.

MENSCHENRECHTE ALS FETISCH

Fünfzig Jahre nach ihrer Proklamierung ist die Allgemeine Erklärung der Menschenrechte zum heiligen Text dessen geworden, was Elie Wiesel eine »weltweite säkulare Religion genannt« hat.[1] UN-Generalsekretär Kofi Annan bezeichnete die Erklärung als den »Maßstab, mit dem wir menschlichen Fortschritt messen«. Die Nobelpreisträgerin Nadine Gordimer beschrieb sie als »das wesentliche Dokument, den Prüfstein, das Bekenntnis der Menschheit, in dem alle anderen Bekenntnisse, die eine Richtschnur für das menschliche Verhalten darstellen, aufgehoben sind«.[2] Die Menschenrechte sind zum wichtigsten Glaubensartikel einer säkularen Kultur geworden, die Angst hat, es gäbe sonst gar nichts, woran sie glauben könnte. Sie sind zur lingua franca des weltweiten moralischen Denkens geworden, so wie die englische Sprache zur lingua franca der globalen Wirtschaft geworden ist.

Für mich wirft diese Rhetorik die folgende Frage auf: Wenn die Menschenrechte Glaubenssätze sind, was bedeutet es dann, an sie zu glauben? Ähnelt dieser Glaube einem religiösen Glauben? Drückt sich in ihm eine Hoffnung aus? Oder ist er etwas ganz anderes?

Ich werde darlegen, daß die Menschenrechte mißverstanden werden, wenn sie als eine »säkulare Religion« betrachtet werden. Sie sind kein Bekenntnis; sie sind keine Metaphysik. Wer sie dazu macht, macht sie zu einem Fetisch: Der Humanismus verabsolutiert sich selbst. Die moralischen und philosophischen Forderungen, die im Namen der Menschenrechte erhoben werden, zu überhöhen, mag den Zweck haben, ihre universelle Anziehungskraft zu vergrößern. Doch in Wirklichkeit wird die gegenteilige Wirkung erzielt, da bei religiösen und nicht-westlichen Gruppen, die nicht eines westlichen säkularen Bekenntnisses bedürfen, Zweifel an den Menschenrechten geweckt werden.

Es ist sicherlich verführerisch, die Idee der Menschenrechte mit Aussagen zu verknüpfen, die da lauten: Menschen haben eine angeborene beziehungsweise natürliche Würde, sie haben von Natur aus einen Wert an sich, sie sind etwas Heiliges. Das Problematische an solchen Aussagen ist, daß sie zum einen nicht klar, zum anderen umstritten sind. Sie sind nicht klar, weil sie das, was Männer und Frauen unserer Ansicht nach sein sollten, mit dem vermischen, was wir empirisch über sie wissen. Manchmal verhalten sich Männer und Frauen beeindruckend würdevoll. Aber das ist nicht dasselbe, wie wenn man sagt, daß alle Menschen eine angeborene Würde oder gar die Fähigkeit haben, diese Würde in ihrem Verhalten zum Ausdruck zu bringen. Da diese Vorstellungen von Würde, Wert und Heiligkeit der Menschen den Ist-Zustand mit dem Soll-Zustand vermischen, sind sie umstritten, und weil sie umstritten sind, schwächen sie die aus den Menschenrechten erwachsenden praktischen Verpflichtungen, anstatt sie zu stärken. Sie sind zudem deswegen umstritten, weil jede Variante dieser Vorstellungen anfechtbare philosophische Aussagen über die menschliche Natur machen muß. Wer an die Existenz eines Gottes glaubt, der die Menschen nach seinem Bild schuf, dem fällt es nicht schwer, die Menschen für heilige Wesen zu halten. Wer nicht an Gott glaubt, muß die Idee, die Menschen seien etwas Heiliges, entweder zurückweisen oder mit Hilfe eines säkularen Gebrauchs religiöser Metaphern, der einen Gläubigen nicht überzeugt, annehmen, daß sie etwas Heiliges sind. Grundsätzliche Annahmen dieser Art spalten die Menschen, und derartige Spaltungen lassen sich nicht in derselben Weise beseitigen, in der die Menschen normalerweise ihre Meinungsverschiedenheiten beilegen, nämlich durch Diskussion und Kompromiß. Meiner Ansicht nach wäre es am besten, diese Art von grundsätzlichen Aussagen ganz zu vermeiden und Zustimmung zu den Menschenrechten auf der Basis der Überlegung zu suchen, was sie für die Menschen *bewirken* können.

Warum wir Rechte haben, darüber mag keine Einigkeit herrschen, doch es kann Einigkeit darüber herrschen, daß wir sie brauchen. Da die grundsätzlichen Begründungen für den Wert der Menschenrechte umstritten sein können, läßt sich die Notwendigkeit des Menschenrechtsschutzes wesentlich besser vermitteln, wenn Gründe der praktischen Vernunft angeführt werden. Die Begründung, die für die modernen Menschenrechte erforderlich ist, ist meiner Ansicht nach durch die historische Erfahrung gegeben: Menschen riskieren ihr Leben, wenn es ihnen an einer grundlegenden Freiheit zum eigenverantwortlichen und selbstbestimmten Handeln fehlt; dieses eigenverantwortliche Handeln bedarf des Schutzes durch international anerkannte Normen; diese Normen sollten die Menschen in die Lage versetzen, sich unrechten Gesetzen und Befehlen zu widersetzen; und wenn alle anderen Mittel ausgeschöpft sind, haben diese Menschen das Recht, andere Völker, Staaten und internationale Organisationen um Hilfe bei der Verteidigung ihrer Rechte zu bitten. Diese Tatsachen haben sich zwar besonders deutlich in der schrecklichen Geschichte Europas im zwanzigsten Jahrhundert gezeigt, aber es gibt keinen prinzipiellen Grund, warum nicht-europäische Völker nicht die gleichen Schlußfolgerungen aus diesen Ereignissen ziehen sollten oder warum die Erinnerung an den Holocaust und andere derartige Verbrechen künftige Generationen nicht veranlassen sollte, für die allgemeine Anwendung der Menschenrechtsnormen einzutreten.

Eine auf praktischer Vernunft basierende – und historische – Begründung der Menschenrechte muß nicht auf eine bestimmte Vorstellung von der menschlichen Natur zurückgreifen. Sie muß auch nicht ihre letzte Bestätigung in einer bestimmten Auffassung von einem guten Leben suchen. Die Menschenrechte sagen etwas über das Rechte und nicht über das Gute aus. Es ist durchaus möglich, daß Menschen den vollen Schutz der Menschenrechte genießen und trotzdem das Gefühl haben, daß ihnen wesentliche Dinge fehlen, die zu einem guten Leben gehören. Wenn dem so ist, sollte das Eintreten für die Menschenrechte mit unterschiedlichen Vorstellungen von einem guten Leben vereinbar sein. Mit anderen Worten, ein universeller Menschenrechtsschutz sollte mit moralischem Pluralismus vereinbar sein. Das heißt, es sollte möglich sein, die Menschenrechte in einem breiten Spektrum von Zivilisationen, Kulturen und Religionen zu schützen, in denen jeweils andere Vorstellungen von einem guten Leben herrschen. Anders ausgedrückt: Ungeachtet der Meinungsverschiedenheiten in der Frage, was gut ist, können Menschen aus verschiedenen Kulturen sich dennoch darin einig sein, was unerträglich und eindeutig unrecht ist. Die aus den Menschenrechten erwachsenden universellen Verpflichtungen lassen sich nur dann mit einer Vielzahl von Lebensweisen in Einklang bringen, wenn der Universalismus bewußt minimalistisch konzipiert ist. Die Menschenrechte können universelle Zustimmung nur als eine dezidiert »schwache« Theorie über das Rechte erlangen, das heißt, wenn sie die Mindestvoraussetzungen für ein menschenwürdiges Leben beschreiben.

Selbst dann sind sie möglicherweise nicht minimalistisch genug, um allgemeine Zustimmung zu erlangen. Ein angemessenes politisches Verständnis der Menschenrechte muß akzeptieren, daß es sich um ein kämpferisches Bekenntnis handelt und daß sein universeller Anspruch Widerstand hervorrufen wird. Keine Autorität, deren Macht durch das Einfordern von Menschenrechten direkt in Frage gestellt wird, wird deren Legitimität ohne weiteres anerkennen. Die Menschenrechte müssen für die Opfer Partei ergreifen, und der Legitimitäts- und somit Universalitäts-Test ist die Zustimmung der Opfer. Die Einwände derjenigen, die sich der Unterdrückung schuldig machen – soweit sie sich auf Fakten beziehen, die belegen, ob Unterdrückung stattfindet oder nicht –, müssen Gehör finden, aber die Aussagen der Opfer sollten mehr Gewicht haben als die Behauptungen der Unterdrücker. Gleichwohl können die Opfer nicht ein unbegrenztes Recht haben zu bestimmen, was eine Menschenrechtsverletzung ist. Ein Menschenrecht zu verletzen, bedeutet mehr, als jemanden in eine mißliche Lage zu bringen, und sich um die Wiederherstellung der Menschenrechte zu bemühen, ist etwas anderes, als nach Anerkennung zu streben. Es geht um den Schutz der Fähigkeit der Menschen zum eigenverantwortlichen und selbstbestimmten Handeln. Das Opfer setzt zwar einen Prozeß der Wiederherstellung der Menschenrechte in Gang, aber es hat auch die Pflicht zu beweisen, daß tatsächlich eine Menschenrechtsverletzung stattgefunden hat.

Menschenrechte sind wichtig, weil sie den Menschen helfen, sich selbst zu helfen. Sie schützen ihre Fähigkeit, ihr Leben selbst zu gestalten. Darunter verstehe ich mehr oder weniger das, was Isaiah Berlin unter »negativer Freiheit« verstand, nämlich die Fähigkeit eines jeden Menschen, ungehindert rationale Absichten zu verfolgen. Mit rational meine ich nicht unbedingt vernünftig oder erstrebenswert, sondern lediglich die Absichten, durch deren Verfolgung anderen Menschen kein Schaden zugefügt wird. Menschenrechte gewährleisten die individuelle Handlungsfähigkeit, und diese ist wünschenswert, weil die Menschen sich dadurch vor Ungerechtigkeit schützen können. Wenn Menschen die Fähigkeit zum selbstbestimmten Handeln haben, können sie selbst entscheiden, wofür sie leben und sterben möchten. In diesem Sinne bedeutet die Betonung des selbstbestimmten Handelns zwar die Stärkung der einzelnen Person, setzt Menschenrechtsforderungen aber auch Grenzen. Der Schutz der Handlungsfähigkeit verlangt von uns zwangsläufig den Schutz des Rechts aller Menschen auf eigene Lebensgestaltung. Die übliche Kritik an dieser Art von Individualismus lautet, daß sie anderen Kulturen ein westliches Menschenbild aufzwinge. Ich behaupte genau das Gegenteil: Der moralische Individualismus schützt die kulturelle Vielfalt, da eine individualistische Konzeption die unterschiedlichen Lebensweisen zu respektieren hat, für die die Menschen sich entscheiden. Demnach sind die Menschenrechte lediglich eine systematische Auflistung der »negativen Freiheiten«, ein Werkzeug gegen Unterdrückung, dessen sich die Menschen im Rahmen der kulturellen und religiösen Überzeugungen, nach denen sie leben, frei bedienen dürfen müssen.

Warum ist diese »minimalistische« Begründung der Menschenrechte notwendig? Warum ist es wichtig, daß wir einen Weg finden, den Menschenrechtsuniversalismus mit kulturellem und moralischem Pluralismus in Einklang zu bringen? Seit 1945 hat die Menschenrechtsrhetorik eine große Bedeutung und Macht erlangt. Macht ruft zwangsläufig Widerstand hervor. Das Menschenrechtskonzept ist heute so mächtig, in seinem Anspruch auf Universalität aber auch so gedankenlos imperialistisch, daß es ernst zu nehmende intellektuelle Angriffe auf sich gezogen hat. Diese Angriffe haben die wichtige Frage aufgeworfen, ob die Menschenrechte zu Recht den hohen Stellenwert haben, den sie inzwischen erlangt haben; ob ihr Anspruch auf Universalität gerechtfertigt ist oder ob sie nicht eine weitere ausgeklügelte Spielart des moralischen Imperialismus des Westens darstellen.

Die Universalität der Menschenrechte wird von drei Seiten in Frage gestellt, von denen zwei außerhalb des Westens liegen: von einem erstarkenden Islam und von Ostasien sowie von Kräften im Westen. Sie sind zwar voneinander unabhängig, haben zusammen aber wichtige Fragen nach der kulturübergreifenden Gültigkeit und somit der Legitimität der Menschenrechtsnormen aufgeworfen.

Die islamische Herausforderung

Die Herausforderung durch den Islam gab es von Anfang an.[3] Als die Allgemeine Erklärung 1947 verfaßt wurde, erhob die saudiarabische Delegation Einwände gegen Artikel 16, in dem es um die Freiheit der Eheschließung geht, und gegen Artikel 18, der sich auf die Religionsfreiheit bezieht. Zur Frage der Ehe trug der saudische Delegierte in dem Ausschuß, in dem der Entwurf der Allgemeinen Erklärung geprüft wurde, Überlegungen vor, die seitdem immer dann zu hören sind, wenn sich Anhänger des Islam mit den westlichen Menschenrechten auseinandersetzen:

»Die Verfasser des Entwurfs der Erklärung haben größtenteils nur die von der westlichen Zivilisation anerkannten Normen berücksichtigt und ältere, bewährte Zivilisationen außer acht gelassen, deren Einrichtungen, wie etwa die Ehe, sich im Laufe von Jahrhunderten als klug und richtig erwiesen haben. Es stand dem

Ausschuß nicht an, die Überlegenheit einer Zivilisation über alle anderen zu verkünden und einheitliche Normen für alle Länder der Welt aufzustellen.«[4]

Das war zugleich eine Verteidigung des islamischen Glaubens und eine Verteidigung der patriarchalischen Macht. Denn die saudische Delegation gab zu, daß die Kontrolle über die Frauen den eigentlichen Sinn traditionaler Kulturen ausmacht und daß die Einschränkung der freien Partnerwahl der Frau von zentraler Bedeutung für die Aufrechterhaltung der patriarchalischen Eigentumsverhältnisse ist. Aufgrund dieser Einwände gegen die Artikel 16 und 18 lehnte die saudische Delegation die Ratifizierung der Erklärung ab.

Es hat wiederholt Vorstöße gegeben – darunter islamische Menschenrechtserklärungen –, die das Ziel hatten, islamische und westliche Traditionen dadurch miteinander in Einklang zu bringen, daß sie die Pflichten innerhalb der Familie und die Religiosität stärker betonten und sich auf die islamische Tradition der religiösen und ethnischen Toleranz beriefen.[5] Doch diese Versuche einer Verschmelzung von Islam und westlichem Denken waren nie wirklich erfolgreich: Eine Übereinstimmung kann nur erzielt werden, wenn beide Seiten wesentliche Dinge ausklammern. Der so zustande gekommene Konsens ist nichtssagend und ohne jede Überzeugungskraft.

Seit den siebziger Jahren ist die Reaktion des Islams auf die Menschenrechte immer feindseliger geworden. Seitdem im Iran eine islamische Revolution gegen die rücksichtslose Modernisierungspolitik des Schahs stattgefunden hat, haben islamische Persönlichkeiten die universelle Geltung der westlichen Menschenrechtsnormen in Frage gestellt. Sie haben darauf hingewiesen, daß die westliche Trennung von Kirche und Staat, von weltlicher und geistlicher Autorität der Rechtsprechung und dem politischen Denken der islamischen Tradition fremd ist. Die in der Allgemeinen Erklärung niedergelegten Freiheiten ergeben in dem theokratisch ausgerichteten politischen Denken des Islams keinen Sinn. Das Recht, zu heiraten und eine Familie zu gründen, sowie die freie Wahl des Ehepartners stellen einen direkten Angriff auf diejenigen Autoritäten der islamischen Gesellschaft dar, die dafür sorgen, daß die Familie den Ehemann aussucht, daß die Polygamie weiterbesteht und daß die Frauen aus der Öffentlichkeit ausgeschlossen werden. Für die Anhänger des Islams setzt ein universalistischer Menschenrechtsdiskurs ein souveränes und eigenständiges Individuum voraus, das aus der Sicht des Heiligen Korans eine Blasphemie ist.

Bei seiner Reaktion auf diese Herausforderung hat der Westen den Fehler gemacht, Fundamentalismus und Islam gleichzusetzen. Der Islam spricht mit vielen Stimmen, wobei manche mehr antiwestlich, manche stärker theokratisch ausgerichtet sind. Die islamische Reaktion auf westliche Werte hängt unter Umständen mehr von dem jeweiligen nationalen Kontext als von theologischen Grundsätzen ab. Wo es islamischen Gesellschaften gelungen ist, sich zu modernisieren, eine Mittelschicht zu schaffen und eine Rolle in der globalen Wirtschaft zu spielen – Beispiele dafür sind Tunesien und Ägypten –, kann sich Zustimmung zu grundlegenden Menschenrechten herausbilden. Ägypten ist etwa dabei, den Frauen das Recht auf Scheidung zu gewähren; und obwohl der Dialog mit den religiösen Autoritäten Ägyptens schwierig war, werden die Frauen durch die neuen Gesetze erheblich mehr Rechte bekommen.[6] In Algerien ist eine säkulare Menschenrechtskultur wesentlich stärkeren Angriffen ausgesetzt. Eine säkularisierte Elite, die nach einer blutigen antikolonialistischen Revolution an die Macht kam und ihr Land nicht modernisierte, sieht sich einer von militanten Islamisten angeführten Oppositionsbewegung gegenüber, die gegen den Westen und gegen die Menschenrechte Front macht. Und in Afghanistan, wo der Staat zusammengebrochen ist und Waffenlieferungen aus dem Ausland den Niedergang des Landes beschleunigt haben, ist eine Taliban-Bewegung entstanden, die ausdrücklich alle westlichen Menschenrechtsnormen ablehnt. In diesen Fällen ist die entscheidende Variante nicht der Islam – eine proteische Religion mit vielen Gesichtern –, sondern der verhängnisvolle Kurs westlicher Politik und die wirtschaftliche Globalisierung.

Eine andere Reaktion des Westens auf die islamische Herausforderung ist ebenso falsch. Es gibt einen kulturellen Relativismus, der zu viele Konzessionen an die islamische Herausforderung macht. In den letzten zwanzig Jahren hat eine einflußreiche Strömung im westlichen politischen Denken die Auffassung vertreten, die Menschenrechte seien »eine westliche Konstruktion von begrenzter Anwendungsfähigkeit«, so die Worte von Adamantia Pollis und Peter Schwab, eine Fiktion des zwanzigsten Jahrhunderts, die auf der Rechtstradition Amerikas, Großbritanniens und Frankreichs basiere und daher nicht in Kulturen zum Tragen kommen könne, die diese historische Matrix des liberalen Individualismus nicht teilen.[7]

Diese Denkrichtung hat komplexe intellektuelle Wurzeln: die marxistische Menschenrechtskritik, die sozialanthropologische Kritik an der Arroganz des Imperialismus der Bourgeoisie am Ende des 19. Jahrhunderts sowie die postmoderne Kritik an den universalistischen Ansprüchen der europäischen Aufklärung.[8] Alle diese Tendenzen wurden zu einer Kritik an westlicher intellektueller Hegemonie gebündelt, die in der Sprache der Menschenrechte ihren Ausdruck finde. Die Menschenrechte werden als ein schlauer Schachzug zur Ausbreitung westlichen Denkens betrachtet: Da der Westen nicht mehr in der Lage ist, die Welt direkt zu beherrschen, kleidet er seinen Machtwillen in die unparteiische, universalistische Sprache der Menschenrechte und versucht, den zahlreichen Weltkulturen, die die Auffassung des Westens von Individualität, persönlicher Autonomie, Selbstbestimmung und Freiheit nicht teilen, seinen engen Wertekanon überzustülpen. Dieser postmoderne Relativismus war anfangs eine intellektuelle Modeerscheinung an westlichen Universitäten, ist dann aber langsam in die westliche Menschenrechtspraxis eingesickert und hat die Menschenrechtler dazu gebracht, innezuhalten und über die intellektuelle Berechtigung des Universalitätsanspruchs nachzudenken, den sie bis dahin für selbstverständlich hielten.

Asiatische Werte

Neben dieser Herausforderung aus der westlichen Gesellschaft selbst, gab es eine weitere Herausforderung von außen: die Kritik an den westlichen Menschenrechtsnormen durch einige politische Führer der aufstrebenden Wirtschaften Ostasiens. Während sich die islamische Infragestellung der Menschenrechte teilweise dadurch erklären läßt, daß die islamischen Gesellschaften nicht von der wirtschaftlichen Globalisierung profitiert haben, ist die asiatische Herausforderung eine Folge des großen wirtschaftlichen Erfolges dieser Region. Aufgrund der hohen Wachstumsrate in Malaysia etwa sind seine führenden Politiker selbstbewußt genug, die westlichen Ideen von Demokratie und individuellen Rechten zurückzuweisen und statt dessen einen asiatischen Weg zu Entwicklung und Wohlstand zu propagieren, der auf einer autoritären Regierung und autoritären Familienstrukturen basiert. Das gleiche läßt sich von Singapur sagen, dem eine erfolgreiche Synthese von politischem Autoritarismus und marktwirtschaftlichem Kapitalismus gelungen ist. Singapurs Lee Kuan Yew wurde mit den Worten zitiert, die Asiaten hätten »wenig Zweifel daran, daß eine Gesellschaft mit gemeinschaftsbezogenen Werten, in der die Interessen der Gesellschaft Vorrang gegenüber denen der Einzelnen haben, ihnen mehr entspricht als der Individualismus Amerikas«. Die Vertreter dieses Modells führen die zunehmende Scheidungs- und Kriminalitätsrate im Westen an, um zu belegen, daß der westliche Individualismus die für den Genuß der Menschenrechte notwendige Ordnung untergrabe.[9] Das »asiatische Modell« stellt Gemeinschaft und Familie über die individuellen Rechte und Ordnung über Demokratie und individuelle Freiheit. In Wirklichkeit gibt es natürlich nicht nur ein asiatisches Modell: Jede dieser Gesellschaften hat sich auf andere Weise modernisiert, verfügt über andere politische Traditionen und weist ein anderes Maß an politischer und wirtschaftlicher Freiheit auf. Dennoch hat es sich für die autoritären asiatischen Politiker als nützlich erwiesen zu behaupten, sie stellten eine zivilisatorische Herausforderung der Hegemonie westlicher Modelle dar.[10]

Diese drei Angriffe auf die Universalität des Menschenrechtsdiskurses – zwei von außen, einer aus der westlichen Tradition heraus – haben zugegebenermaßen produktive Auswirkungen gehabt. Sie haben die Menschenrechtler gezwungen, ihre Prämissen zu hinterfragen, die Geschichte ihres Engagements zu überdenken und zu erkennen, wie kompliziert der interkulturelle Dialog über Menschenrechtsfragen wird, wenn alle Kulturen als gleichwertige Partner an ihm teilnehmen.

Menschenrechte und Individualismus

Gleichwohl würde ich sagen, daß die westlichen Verfechter der Menschenrechte zu viel preisgegeben haben. In dem Wunsch, einen gemeinsamen Nenner mit islamischen und asiatischen Positionen zu finden und ihren eigenen Diskurs von dem imperialistischen Erbe zu reinigen, das postmoderne Kritiker ausgemacht zu haben glauben, laufen die westlichen Menschenrechtler Gefahr, genau die Universalität zu opfern, die sie eigentlich verteidigen sollten. Sie laufen auch Gefahr, ihre eigene Geschichte umzuschreiben.

Als die Allgemeine Erklärung der Menschenrechte verfaßt wurde, waren nicht nur westliche, sondern auch viele andere Traditionen – die chinesische, die christliche des Nahen Ostens, die marxistische, hinduistische, lateinamerikanische und islamische – vertreten, und die Mitglieder des Ausschusses, der die Erklärung formulierte, begriffen ihre Aufgabe nicht als eine schlichte Bestätigung westlicher Überzeugungen, sondern als einen Versuch, ein begrenztes Spektrum universeller moralischer Werte zu erarbeiten, die sich aus sehr unterschiedlichen religiösen, politischen, ethnischen und philosophischen Quellen speisten.[11] Das erklärt, warum es in der Präambel dieses Dokuments keine Bezugnahme auf Gott gibt. Die kommunistischen Delegierten hätten dagegen Einspruch erhoben, und die verschiedenen religiösen Traditionen hätten Formulierungen nicht zustimmen können, denen zufolge sich die Menschenrechte aus unserer Existenz als Geschöpfe Gottes ergeben. Folglich ist der säkulare Charakter des Dokuments weniger ein Zeichen für Europas kulturelle Dominanz als für einen pragmatischen gemeinsamen Nenner, der eine Übereinkunft über die divergierenden kulturellen und politischen Standpunkte hinweg ermöglichen sollte.

Es trifft natürlich zu, daß westliche Vorstellungen – und Vertreter des Westens – bei der Abfassung des Dokuments die dominierende Rolle spielten. Dennoch war die Stimmung dieser Menschen im Jahre 1947 keineswegs triumphalistisch. Ihnen war vor allem bewußt, daß das Zeitalter der kolonialen Befreiung eingeläutet worden war: Die Unabhängigkeit Indiens wurde verkündet, als noch am endgültigen Wortlaut des Dokuments gefeilt wurde. Obwohl die Erklärung nicht ausdrücklich für Selbstbestimmung eintritt, sahen diejenigen, die das Dokument abfaßten, ganz klar die kommende Welle von Kämpfen um die nationale Unabhängigkeit voraus. Da es jedoch das Recht der Menschen auf Selbstverwaltung sowie auf Rede- und Religionsfreiheit verkündet, räumt es auch Kolonialvölkern das Recht ein, universelle moralische Werte in eine Sprache zu kleiden, die in ihrer eigenen Tradition verwurzelt ist. Was immer man den Verfassern der Erklärung vorwerfen mag, ein unhinterfragter westlicher Triumphalismus gehört nicht dazu. Maßgebliche Männer wie René Cassin aus Frankreich und John Humphrey aus Kanada wußten, daß der westliche Kolonialismus nach zweihundert Jahren seinem Ende zuging.[12]

Sie wußten auch, daß die Erklärung nicht die Überlegenheit der europäischen Zivilisation verkündete, sondern den Versuch darstellte, die Reste des Erbes der Aufklärung vor der Barbarei eines gerade beendeten Weltkrieges zu retten. Die Allgemeine Erklärung wurde im vollen Wissen um Auschwitz und im heraufdämmernden Wissen um Kolyma verfaßt. Ein Bewußtsein für die europäische Barbarei zeigt sich schon in die Sprache der Präambel der Erklärung: »Da Verkennung und Mißachtung der Menschenrechte zu Akten der Barbarei führten, die das Gewissen der Menschheit tief verletzt haben ...«

Die Allgemeine Erklärung mag ein Kind der Aufklärung sein, aber sie wurde verfaßt, als der Glaube an die Aufklärung seine tiefste Vertrauenskrise erlebte. In diesem Sinne sind die Menschenrechte weniger Ausdruck der Überlegenheit der europäischen Zivilisation als eine Warnung der Europäer an die übrige Welt, ihre Fehler nicht zu wiederholen. Der Hauptfehler war die Vergötzung des Nationalstaates gewesen, die die Menschen vergessen ließ, daß es ein höheres Recht gibt, welches gebietet, sich unrechten Befehlen zu widersetzen. Die Preisgabe dieses moralischen Erbes des Naturrechts, die Unterordnung des Individualismus unter den Kollektivismus, hatten nach Überzeugung der Verfasser der Erklärung zur nationalsozialistischen Katastrophe und zum repressiven stalinistischen System geführt. Wenn einem nicht gegenwärtig ist, daß das verheerende Erbe des europäischen Kollektivismus gewissermaßen den Rahmen der Allgemeinen Erklärung bildet, scheint ihre individualistische Ausrichtung nichts weiter als die Festschreibung westlicher bürgerlich-kapitalistischer Vorurteile zu sein. Dabei war sie weitaus mehr, nämlich ein wohldurchdachter Versuch, die europäische Naturrechtstradition wiederzubeleben, um die Eigenverantwortlichkeit des Individuums vor dem totalitären Staat zu schützen.

Somit ist richtig, daß im Zentrum der Erklärung der moralische Individualismus steht, den nicht-westliche Gesellschaften ihr zum Vorwurf machen. In der Frage des Individualismus haben westliche Menschenrechtler die größten Zugeständnisse gemacht, da sie glaubten, ihn durch eine größere Betonung der sozialen Pflichten und der Verantwortung gegenüber der Gemeinschaft abschwächen zu müssen. Die Menschenrechte, so heißt es, könnten nur dann allgemeine Anerkennung finden, wenn sie weniger individualistisch ausgerichtet seien und die gemeinschaftsbezogenen Teile der Allgemeinen Erklärung, insbesondere Artikel 29, stärker betonten, in dem es heißt: »Jeder Mensch hat Pflichten gegenüber der Gemeinschaft, in der allein die freie und volle Entwicklung seiner Persönlichkeit möglich ist.« Diesem Bedürfnis, die individualistische Ausrichtung des Menschenrechtsdiskurses abzuschwächen, liegt der Wunsch zugrunde, die Menschenrechte für weniger individualistisch geprägte Kulturen in der nicht-westlichen Welt akzeptabler zu machen und auf die Besorgnis westlicher Kommunitaristen einzugehen, die befürchten, individualistische Werte würden den sozialen Zusammenhalt zerstören.[13]

Dieser Kurs verkennt indessen, was die Menschenrechte tatsächlich sind, und begreift nicht, warum sie für Millionen von Menschen Anziehungskraft haben, die in nicht-westlichen Traditionen aufgewachsen sind. Rechte sind nur dann sinnvoll, wenn sie die Menschen mit Ansprüchen ausstatten und sie vor Übergriffen schützen; sie sind nur dann wertvoll, wenn sie gegen Institutionen wie Familie, Staat und Kirche durchgesetzt werden können. Das gilt auch dann, wenn die betreffenden Rechte kollektive oder Gruppenrechte sind. Einige dieser Rechte – das Recht auf eine eigene Sprache oder die Ausübung der eigenen Religion – sind wesentliche Voraussetzungen für die Ausübung individueller Rechte. Das Recht auf eine eigene Sprache bedeutet nicht viel, wenn die Sprache ausgestorben ist. Gruppenrechte sind also erforderlich, um individuelle Rechte zu schützen. Doch der letzte Sinn und Zweck von Gruppenrechten ist nicht der Schutz der Gruppe als solcher, sondern der Schutz der Menschen, die sie bilden. Das Recht einer Gruppe auf eine eigene Sprache, darf beispielsweise nicht dazu verwendet werden, eine Person daran zu hindern, neben der Sprache ihrer Gruppe noch eine andere Sprache zu lernen. Das Recht einer Gruppe auf Ausübung der eigenen Religion sollte nicht das Recht einzelner Personen aufheben, eine religiöse Gemeinschaft zu verlassen, wenn sie dies wünschen.[14]

Rechte haben zwangsläufig einen politischen Charakter, weil sie einen Konflikt zwischen einem Träger von Rechten und einem »Verweigerer« von Rechten, also einer Autorität implizieren, der gegenüber der Träger von Rechten berechtigte Forderungen erhebt. Rechte mit Bestrebungen zu verwechseln und Rechtskonventionen mit synkretistischen Synthesen von Werten der Weltkulturen zu verwechseln heißt, die mit Rechten verbundenen Konflikte auszublenden. Es wird immer Konflikte zwischen Einzelpersonen und Gruppen geben, und Rechte existieren gerade, um die Einzelpersonen zu schützen. Rechte lassen sich nicht in nicht-individualistische, kommunitäre

Kategorien übersetzen. Sie setzen einen moralischen Individualismus voraus und ergeben außerhalb dieser Voraussetzung keinen Sinn. Zudem ist es genau dieser Individualismus, der sie für nichtwestliche Völker erstrebenswert macht und der erklärt, warum der Einsatz für die Menschenrechte zu einer weltweiten Bewegung geworden ist. Die Menschenrechte sind die einzige universelle moralische Sprache, auf die sich Frauen und Kinder in ihrem lokalen Kontext berufen können, wenn sie sich gegen ihre Unterdrückung durch die patriarchalische Gesellschaft und die Stammesgesellschaft wehren; nur sie können abhängige Menschen in die Lage versetzen, sich selbst als moralische Subjekte wahrzunehmen und gegen Praktiken – Zwangssehen, den Ausschluß von Frauen aus der Öffentlichkeit, das Fehlen von Bürgerrechten, genitale Verstümmelung, Haussklaverei usw. – zu kämpfen, hinter denen das Gewicht und die Autorität ihrer Kulturen stehen. Diese Menschen suchen genau deswegen den Schutz der Menschenrechte, weil diese ihren Protest gegen Unterdrückung legitimieren.

Wenn dem so ist, müssen wir neu darüber nachdenken, was es bedeutet, wenn wir von der Universalität dieser Rechte sprechen. Menschenrechtskonzepte rufen starken Widerstand hervor, weil sie mächtige religiöse und familiale Strukturen, autoritäre Staaten und Stämme in Frage stellen. Es wäre ein hoffnungsloses Unterfangen, diese Träger der Macht von der allgemeinen Gültigkeit bestimmter Rechte zu überzeugen, da im Fall ihrer Durchsetzung der Ausübung ihrer Macht zwangsläufig Grenzen gesetzt würden. Universalität kann folglich keine universelle Zustimmung finden, denn in einer Welt ungleicher Machtverteilung wären die einzigen Regeln, auf die sich die Mächtigen und die Machtlosen verständigen würden, nichtssagend. Rechte sind deswegen universell, weil sie die universellen Interessen der Machtlosen zum Ausdruck bringen: Die Macht, die über sie ausgeübt wird, soll ihre Autonomie als Subjekte respektieren. In diesem Sinne sind die Menschenrechte ein revolutionäres Bekenntnis, da sie an alle menschlichen Gruppen die radikale Forderung stellen, den Interessen der Menschen zu dienen, aus denen sie bestehen. Das bedeutet, daß menschliche Gruppen soweit wie möglich auf einem Konsens basieren oder daß sie zumindest das Recht des einzelnen respektieren sollten, die Gruppe zu verlassen, wenn die Zwänge unerträglich werden.

Die Idee, daß Gruppen das Recht des einzelnen auf Rückzug aus der Gruppe anerkennen sollten, ist nicht leicht mit der Gruppenwirklichkeit in Einklang zu bringen. Die meisten menschlichen Gruppen – die Familie beispielsweise – sind Gruppen, die auf verwandtschaftlichen Beziehungen oder ethnischen Bindungen basieren. Die Menschen können sich die Gruppe, in die sie hineingeboren werden, nicht aussuchen und können sie auch nicht ohne weiteres verlassen, da diese Kollektive den Rahmen bilden, in dem das Leben des einzelnen einen Sinn ergibt. Dies gilt sowohl für moderne säkulare Gesellschaften als auch für religiöse oder traditionale Gesellschaften. Gruppenrechte sollten die kollektiven Rechte – etwa das Recht auf eine eigene Sprache – schützen, durch die das Handeln des einzelnen seine Bedeutung und seinen Wert erhält. Doch Individual- und Gruppeninteressen geraten unausweichlich in Konflikt miteinander. Die Menschenrechte haben die Funktion, diese Konflikte zu lösen und das irreduzible Minimum abzustecken, jenseits dessen die Forderungen der Gruppe und des Kollektivs das Leben des einzelnen nicht einengen dürfen.

Die Übernahme des Wertes der individuellen Eigenverantwortlichkeit bedeutet nicht zwangsläufig die Übernahme der westlichen Lebensweise. Wer glaubt, daß er ein Recht darauf hat, nicht gefoltert oder erniedrigend behandelt zu werden, muß deswegen nicht westliche Kleidung übernehmen, westliche Sprachen sprechen oder den westlichen Lebensstil gutheißen. Sich unter den Schutz der Menschenrechte zu stellen bedeutet nicht, die eigene Zivilisation aufzugeben; es bedeutet lediglich, den Schutz der »negativen Freiheit« zu suchen.

Die Menschenrechte delegitimieren keineswegs traditionale Kulturen insgesamt und sollten das auch nicht tun. Diejenigen Frauen aus Kabul, die sich an westliche Menschenrechtsorganisationen wenden, weil sie Schutz vor den Milizen der Taliban suchen, möchten weiterhin muslimische Ehefrauen und Mütter sein; sie möchten die Achtung vor ihren Traditionen mit einer Ausbildung und mit einer professionellen medizinischen Versorgung durch eine Frau verbinden. Sie hoffen, daß die Organisationen sie davor schützen, für das Einfordern dieser Rechte geschlagen und verfolgt zu werden.[15]

Die Legitimität derartiger Forderungen wird durch die Tatsache verstärkt, daß die Menschen, die sie erheben, keine ausländischen Menschenrechtler, sondern die Opfer selbst sind. In Pakistan sind es lokale Menschenrechtsgruppen und nicht internationale Organisationen, die an der Spitze des Kampfes gegen das »Töten aus Ehrgefühl« stehen, was bedeutet, daß auf dem Land arme Frauen bei lebendigem Leib verbrannt werden, wenn sie ihrem Ehemann nicht gehorchen; es sind einheimische islamische Frauen, die kritisieren, daß die islamische Lehre in einer so grotesken Weise verzerrt wird, daß sie die Rechtfertigung für ein solches Vergehen bietet.[16] Die Menschenrechte sind global geworden, weil sie sich im lokalen Kontext verankert haben, die Machtlosen zum Handeln befähigen und den bisher Stummen eine Stimme geben.

Es ist schlicht nicht wahr, daß die Menschenrechte, wie islamische und asiatische Kritiker behaupten, ihren Gesellschaften die westliche Lebensweise aufzwingen. Trotz ihrer individualistischen Ausrichtung verlangen die Menschenrechte nicht, daß ihre Verfechter ihre kulturellen Bindungen über Bord werfen. Wie Jack Donnelly sagt, »liegt den Menschenrechten die Annahme zugrunde, daß die Menschen am besten geeignet und berechtigt sind, das Leben zu wählen, das sie für gut und erstrebenswert halten«.[17] Die Allgemeine Erklärung tritt für das Recht auf Entscheidungsfreiheit und insbesondere für das Recht des einzelnen ein, eine Gruppe zu *verlassen*, wenn ihm diese Entscheidungsfreiheit verweigert wird. Zur weltweiten Ausbreitung der Menschenrechtsidee wäre es niemals gekommen, wenn sie für Millionen von Menschen, vor allem Frauen, in theokratischen, traditionalen und patriarchalischen Gesellschaften nicht eine große Überzeugungskraft gehabt hätte.

Die Kritiker dieser Auffassung würden sagen, sie sei zu »voluntaristisch«: Sie impliziere, daß die Menschen in traditionalen Gesellschaften die Freiheit hätten, die Art und Weise zu wählen, in der sie sich in die globale Wirtschaft integrieren; daß sie die Freiheit hätten, bestimmte westliche Werte zu übernehmen oder abzulehnen. In Wirklichkeit, so diese Kritiker, hätten diese Menschen keine Wahlfreiheit. Die wirtschaftliche Globalisierung walze die einheimischen Wirtschaften nieder, und ihr folge die moralische Globalisierung – die Menschenrechte – als Legitimationsideologie des globalen Kapitalismus. »Angesichts des Klasseninteresses der internationalistisch ausgerichteten Klasse, die dieses Programm durchführt«, schreibt Kenneth Anderson, »ist der Anspruch auf Universalismus Heuchelei. Der Universalismus ist bloßer Globalismus und zudem ein Globalismus, dessen Eckdaten vom Kapital gesetzt werden.«[18] Diese Idee, die Menschenrechte seien der moralische Arm des globalen Kapitalismus, verkennt, daß der Einsatz für die Menschenrechte einen erheblichen Störfaktor für weltweit operierende Unternehmen darstellt.[19] Die Menschenrechtler nicht-staatlicher Organisationen, welche die Mensch und Umwelt schädigenden Praktiken von internationalen Großunternehmen wie Nike und Shell anprangern, wären sehr erstaunt darüber, daß ihr Engagement für die Menschenrechte im Grunde genommen den Interessen des internationalen Kapitals gedient hat. Anderson vermischt Globalismus und Internationalismus und setzt zwei Gruppen gleich, deren Interessen und Werte kollidieren: die Verfechter des globalen freien Marktes und die Menschenrechtsinternationalisten.

Während die freien Märkte die Entwicklung von Menschen fördern, die selbstbewußt ihre eigenen Interessen verfolgen, streben diese Menschen nach Menschenrechten, um sich vor den entwürdigenden und ungerechten Auswirkungen des Marktes zu *schützen*. Die Würde, die diese Menschen schützen möchten, leitet sich nicht von westlichen Modellen her. Anderson erweckt den Eindruck, als würden die Menschenrechte stets von einer internationalen Elite, die die »Welt retten« will, von oben nach unten durchgesetzt. Er übersieht, in welchem Maß die Forderung nach Menschenrechten von unten erhoben wird.

Der Prüfstein für die Legitimität der Menschenrechte besteht folglich darin, wie weit diese von unten, von den Machtlosen angenommen werden. Anstatt sich für die individualistische Ausrichtung der westlichen Menschenrechte zu entschuldigen, sollten sich die Menschenrechtler mit dem Problem befassen, wie die Bedingungen geschaffen werden können, unter denen die Menschen im unteren Bereich der Gesellschaft die Freiheit haben, diese Rechte für sich in Anspruch zu nehmen. Will man den Menschen mehr Freiheit geben, ihre Rechte auszuüben, muß man die kulturellen Gegebenheiten kennen, die oftmals eine freie Wahl verhindern. Dies läßt sich gut an dem viel diskutierten Problem der genitalen Verstümmelung zeigen. Was in westlichen Augen als Verstümmelung erscheint, ist schlicht und einfach der Preis für die Zugehörigkeit der Frauen zu einem Stamm und einer Familie; unterziehen sie sich diesem Ritual nicht, haben sie in ihrer Welt keinen Platz mehr. Wenn sie ihre Rechte wahrnehmen, kann dies dazu führen, daß sie sozial geächtet sind, so daß sie keine andere Wahl haben, als ihren Stamm zu verlassen und in die Stadt zu gehen. Die Verfechter der Menschenrechte müssen sich darüber im klaren sein, was es für eine Frau tatsächlich bedeutet, traditionelle Praktiken aufzugeben. Doch gleichzeitig haben sie die Pflicht, die Frauen über die medizinischen Kosten und Konsequenzen dieser Praktiken zu informieren und sich zu bemühen, diese Praktiken für die Frauen, die sich ihnen unterziehen möchten, weniger gefährlich zu machen. Letztlich müssen die Frauen selbst entscheiden, ob und wie sie Stammesweisheit und westliche Weisheit miteinander verbinden möchten. Das Kriterium der Zustimmung auf der Basis umfassender Informationen, das die Entscheidungen von Patienten in westlichen Gesellschaften regelt, ist auch in nichtwestlichen Kontexten anwendbar, und die Menschenrechtler haben die dem Menschenrechtsdiskurs innewohnende Pflicht, die Autonomie und Würde der Subjekte zu respektieren. Die richtige Rolle eines Menschenrechtlers besteht nicht darin, für die betreffenden Frauen

Entscheidungen zu treffen, sondern ihnen bewußt zu machen, was ihre eigenen Entscheidungen implizieren. In traditionalen Gesellschaften können schädliche Praktiken nur dann aufgegeben werden, wenn die gesamte Gemeinschaft dies beschließt. Anderenfalls riskieren diejenigen Personen, die eigene Entscheidungen treffen, Ächtung und Schlimmeres. Konsens bedeutet in diesen Fällen Konsens der Gruppe.

Verständnis für die tatsächlichen Zwänge zu haben, welche die Freiheit der Menschen in verschiedenen Kulturen begrenzen, bedeutet nicht, diese Kulturen kritiklos zu akzeptieren. Es bedeutet nicht die Preisgabe der Universalität. Es bedeutet lediglich, sich einem anspruchsvollen interkulturellen Dialog zu stellen, bei dem sich alle Parteien mit der Erwartung an einen Tisch setzen, als moralisch gleichwertige Subjekte behandelt zu werden. Eine traditionale Gesellschaft unterdrückt die in ihr lebenden Menschen nicht, weil sie ihnen einen westlichen Lebensstil verwehrt, sondern weil sie ihnen das Recht verweigert, ihre Auffassung zu vertreten und Gehör zu finden. Westliche Menschenrechtler haben nicht das Recht traditionale kulturelle Praktiken abzuschaffen, wenn diese Praktiken weiterhin die Zustimmung der Mitglieder der Gemeinschaft haben. Die Menschenrechte sind nicht universell, weil sie anderen Gesellschaften Vorschriften in bezug auf ihre kulturellen Praktiken machen, sondern weil sie die Individuen zum eigenverantwortlichen moralischen Handeln befähigen. Sie haben nicht die Funktion, den Inhalt einer Kultur zu bestimmen, sondern alle Menschen in die Lage zu versetzen, diesen Inhalt frei zu gestalten.

Eigenverantwortlichkeit und Freiheit sind keine wertneutralen Begriffe: Sie sind zweifellos individualistisch ausgerichtet, und traditionale und autoritäre Gesellschaften werden sich diesen Werten widersetzen, weil sie eine Bresche in den Gehorsam schlagen, auf dem patriarchalische und autoritäre Strukturen basieren. Doch wie die Menschen ihre Freiheit gebrauchen, ist ihnen überlassen, und es gibt keinen Grund zu der Annahme, daß sie, wenn sie den westlichen Wert der Freiheit übernehmen, diesem Wert einen westlichen Inhalt geben werden. Außerdem müssen die Opfer selbst und nicht außenstehende Beobachter beurteilen, ob ihre Freiheit gefährdet ist. Es ist durchaus möglich, daß Menschen, die westliche Beobachter für unterdrückt halten oder die ihrer Ansicht nach eine untergeordnete Stellung in der Gesellschaft haben, weiterhin in den Traditionen und autoritären Strukturen leben möchten, die ihnen diese Stellung zuweisen. In vielen Weltreligionen, etwa bei den ultra-orthodoxen Juden und in manchen Ausprägungen des Islam, haben Frauen diese untergeordnete Stellung. Manche Frauen hadern mit dieser Stellung, andere nicht, und denjenigen, die mit ihr einverstanden sind, kann nicht ein falsches Bewußtsein unterstellt werden, das die Menschenrechtler aufbrechen müßten. Die Gläubigen können durchaus der Meinung sein, daß die Formen der Teilhabe, die ihre religiöse Tradition ihnen gewährt, ihnen eine Zugehörigkeit sichert, die wertvoller ist als die negative Freiheit des eigenverantwortlichen und selbstbestimmten Handelns. Was für einen Menschenrechtler eine Verletzung der Menschenrechte sein mag, wird von denjenigen, die er als Opfer betrachtet, möglicherweise gar nicht als eine solche empfunden. Aus diesem Grund muß der Konsens Menschenrechtsinterventionen überall dort Grenzen setzen, wo es nicht um Menschenleben oder massive und irreparable physische Übergriffe geht. Wo es um Menschenleben geht, ist die Wahrscheinlichkeit gering, daß die Betroffenen nicht gerettet werden wollen.

Der Menschenrechtsdiskurs setzt voraus, daß es viele verschiedene Auffassungen von einem guten Leben gibt, daß die des Westens nur eine davon ist und daß die Menschen, sofern sie eine gewisse Wahlfreiheit haben, ein Leben wählen, das ihrer Geschichte und ihren Traditionen entspricht.

Zusammengefaßt: Westliche Menschenrechtler haben der kulturrelativistischen Herausforderung zu viele Konzessionen gemacht. Der Relativismus ist stets das Alibi der Tyrannei. Es gibt keinen Grund, sich für den moralischen Individualismus zu entschuldigen, der im Zentrum des Menschenrechtsdiskurses steht: Genau dieser Individualismus macht die Menschenrechte für abhängige Gruppen bedeutsam, die Ausbeutung und Unterdrückung erleiden. Es gibt auch keinen Grund, Freiheit als einen ausschließlich westlichen Wert zu begreifen, oder zu glauben, daß das Eintreten für Freiheit diesen Menschen unzulässigerweise westliche Werte aufzwingt. Denn es widerspricht der Bedeutung von Freiheit, wollte man anderen vorschreiben, welchen Gebrauch sie von ihr zu machen haben.

Die beste Art und Weise, sich den kulturellen Angriffen auf die Menschenrechte – die aus Asien, vom Islam und von der westlichen Postmoderne kommen – zu stellen, ist das Bekenntnis zu ihrem wahren Charakter: Der Menschenrechtsdiskurs *ist* individualistisch ausgerichtet. Und genau aus diesem Grund hat er sich als ein wirksames Mittel gegen die Tyrannei erwiesen und seine Anziehungskraft für Menschen aus sehr unterschiedlichen Kulturen bewiesen. Der weitere Vorteil des liberalen Individualismus liegt darin, daß er eine »schwache« Theorie des Guten ist: Er benennt und verurteilt das »Negative«, das heißt diejenigen Einschränkungen und Ungerechtigkeiten, die ein menschenwürdiges Leben, wie immer es konzipiert sein mag, unmöglich machen, schreibt aber nicht ein »positives« Spektrum von guten Lebensweisen vor.[20] Die Menschenrechte sind universell, weil sie besagen, daß alle Menschen bestimmte Freiheiten »von« etwas benötigen; sie sagen nichts darüber aus, worin ihre Freiheit »zu« bestehen sollte. In diesem Sinne sind sie weniger präskriptiv als die Weltreligionen: Sie formulieren Normen des anständigen Umgangs der Menschen miteinander, ohne das Recht auf kulturelle Autonomie zu verletzen.

Wie Will Kymlicka und viele andere aufgezeigt haben, gibt es Lebensbedingungen – etwa das Recht auf eine bestimmte Sprache –, die nicht allein durch individuelle Rechte geschützt werden können. Eine Minderheit mit eigener Sprache muß das Recht haben, ihren Kindern diese Sprache zu vermitteln, damit die Sprachgemeinschaft überleben kann, und dies ist nur möglich, wenn die Gesellschaft, in der sie lebt, dieses kollektive Recht anerkennt. Doch gleichzeitig müssen alle kollektiven Rechte in einem ausgewogenen Verhältnis zu individuellen Rechtsgarantien stehen, damit den Einzelpersonen nicht um der Gruppe willen substantielle Freiheiten verweigert werden. Daß dies nicht leicht zu bewerkstelligen ist, kann jeder englischsprechende Bewohner Montreals bestätigen, der Erfahrungen mit den in Quebec erlassenen Sprachgesetzen hat. Es ist jedoch machbar, vorausgesetzt, die individuellen Rechte haben letztlich Vorrang vor den kollektiven Rechten, so daß die Menschen nicht gezwungen sind, ihre Kinder in einer Weise zu erziehen, die nicht frei gewählt ist.[21] Das heißt, auch wenn anerkannt wird, daß Gruppen kollektive Rechte brauchen, um ihr Vermächtnis zu schützen, besteht die Gefahr, daß diese Rechte zu einer Quelle kollektiver Tyrannei werden, wenn die Menschen kein Beschwerderecht haben. Es ist die individualistische Qualität der Menschenrechte, die sie zu einem wertvollen Bollwerk auch gegen die gutgemeinte Tyrannei von Sprachgruppen oder nationalen Gruppen macht.

Der Konflikt, der sich an der Universalität der Menschenrechtsnormen entzündet, ist ein politischer Konflikt, in dem sich traditionale, religiöse und autoritäre Mächte einerseits und Verfechter der Menschenrechte andererseits gegenüberstehen. Die Menschenrechtler, die oftmals der betreffenden Kultur angehören, greifen diese Mächte im Namen der Ausgegrenzten und Unterdrückten an. Diejenigen, die den Schutz der Menschenrechte suchen, sind keine Verräter an ihrer Kultur, und sie halten auch nicht zwangsläufig alle westlichen Werte für erstrebenswert. Sie möchten im Rahmen ihrer eigenen Kultur ihre Rechte als Individuen geschützt sehen. Der autoritäre Widerstand gegen ihre Forderungen nimmt in der Regel die Form der Verteidigung der gesamten Kultur gegen Übergriffe des westlichen Kulturimperialismus an; in Wirklichkeit dient der relativistische Standpunkt jedoch der Verteidigung der politischen oder patriarchalischen Macht. Menschenrechtsinterventionen sind nicht deswegen gerechtfertigt, weil traditionale, patriarchalische oder religiöse Autoritäten nach *unseren* Maßstäben primitiv, rückständig oder unzivilisiert sind, sondern nach den Maßstäben der Unterdrückten. Die Rechtfertigung einer Intervention ergibt sich aus *ihren,* nicht aus unseren Forderungen.

Die geistige Krise

Wurde die kulturelle Krise der Menschenrechte durch die Frage der interkulturellen Gültigkeit der Menschenrechtsnormen ausgelöst, so betrifft die geistige Krise der Menschenrechte die letzte Begründung dieser Normen. Warum haben Menschen überhaupt Rechte? Was zeichnet die menschliche Gattung und die einzelnen Menschen in der Weise aus, daß sie einen Anspruch auf Rechte haben? Wenn der einzelne Mensch etwas Besonderes ist, warum wird diese Unantastbarkeit dann häufiger verletzt als respektiert? Wenn die Menschen etwas Besonderes sind, warum behandeln sie einander dann so schlecht?

Die Menschenrechte sind zu einem säkularen Glaubensartikel geworden. Gleichwohl sind die metaphysischen Grundlagen dieses Glaubens alles andere als klar. Artikel 1 der Allgemeinen Erklärung verzichtet auf jegliche Begründung und stellt lediglich fest: »Alle Menschen sind frei und gleich an Würde und Rechten geboren. Sie sind mit Vernunft und Wissen begabt und sollen einander im Geist der Brüderlichkeit begegnen.« Die Allgemeine Erklärung postuliert Rechte; sie erklärt nicht, warum die Menschen sie haben.

Die Entstehungsgeschichte der Erklärung macht deutlich, daß sie auf diese Frage bewußt nicht eingegangen ist. Als Eleanor Roosevelt im Februar 1947 zum ersten Mal einen Ausschuß in ihre Wohnung am Washington Square berief, stritten sich ein chinesischer Anhänger des Konfuzius und ein libanesischer Anhänger des Thomas von Aquin hartnäckig über die philosophischen und metaphysischen Grundlagen der Rechte. Daraufhin kam Mrs. Roosevelt zu dem Schluß, der einzige Ausweg bestehe darin, daß West und Ost sich darauf einigten, daß sie sich nicht einig waren.[22]

Somit bleiben in der Menschenrechtskultur zentrale Fragen ausgeklammert. Anstatt substantielle Begründungen für die Universalität der Menschenrechte anzuführen, anstatt sich auf Gründe zu berufen, die bis auf die ersten Prinzipien – etwa der von Thomas Jefferson formulierten unvergeßlichen Präambel der amerikanischen Unabhängigkeitserklärung – zurückgehen, setzt die Allgemeine Erklärung der Menschenrechte die Existenz von Rechten schlichtweg voraus und füllt sie mit Inhalt.

Das pragmatische Ausklammern letzter Fragen hat das Entstehen einer globalen Menschenrechtskultur erleichtert. Wie der Philosoph Charles Taylor sagt, konnte das Konzept der Menschenrechte »besser Verbreitung finden, wenn es keine grundsätzlichen Begründungen enthielt«.[23] Die von der Erklärung verkündete »Universalität« legt ebenso Zeugnis ab von dem, was die Verfasser *weggelassen* haben, wie von dem, was sie *hineingenommen* haben.

Die Erklärung stellt sich eine Welt vor, in der die Menschen, wenn sie ihrer bürgerlichen und politischen Rechte beraubt worden wären, immer noch Schutz suchen könnten, weil sie als menschliche Wesen Rechte haben. Mit anderen Worten, unterhalb der zivilgesellschaftlichen und politischen Ebene gibt es noch eine naturrechtliche Ebene. Aber welches Verhältnis besteht zwischen Menschenrechten und naturgegebenen Rechten beziehungsweise zwischen der Sphäre des Menschen und der Sphäre der Natur? Was ist der Mensch von Natur aus?

Die Menschenrechte sollen die formelle juristische Form für die natürlichen Pflichten der Menschen sein, wenn die zivilgesellschaftlichen und politischen Pflichten entweder nicht ausreichen, um Rechtsverletzungen zu verhindern, oder wenn sie völlig zusammengebrochen sind. Menschenrechtskonzepte gehen davon aus, daß in den Fällen, in denen einer Gesellschaft das System von Strafe und Belohnung abhanden gekommen ist, Menschenrechtsnormen die Menschen daran erinnern, daß natürlicher menschlicher Anstand gefordert ist. Dies setzt allerdings voraus, daß die Fähigkeit zu einem anständigen Verhalten eine naturgegebene Eigenschaft ist. Wo gibt es dafür einen empirischen Beleg? Eine wahrscheinlichere Annahme ist, daß die menschliche Moral im allgemeinen und die Menschenrechte im besonderen den systematischen Versuch darstellen, die natürlichen Neigungen zu korrigieren und zu bekämpfen, die wir an uns selbst entdeckt haben, wobei sie einer ganz speziellen Neigung entgegenwirken möchten: Während wir die genetisch oder historisch bedingte natürliche Neigung haben, für Menschen zu sorgen, die uns nahestehen – für unsere Kinder, unsere Familie, unsere direkten Verwandten und vielleicht auch für diejenigen, die die gleichen ethnischen oder religiösen Wurzeln haben –, liegt es in unserer Natur, daß wir allen Menschen, die nicht zu diesem Kreis gehören, gleichgültig gegenüberstehen. Menschenrechtskonzepte sind entstanden, um dieser Tendenz zu einer partikularistischen und exklusiven Ethik entgegenzuwirken. Avishai Margalit meint, wir hätten einen natürlichen Hang zur Gleichgültigkeit gegenüber anderen.[24]

Die Geschichte, die der Allgemeinen Erklärung der Menschenrechte unmittelbar vorausgeht, liefert reichlich Belege für diese Indifferenz gegenüber Mitmenschen. Der Holocaust zeigte die furchtbare Unzulänglichkeit der angeblich natürlichen menschlichen Eigenschaften des Mitleids und der Fürsorge in Situationen, in denen diese nicht mehr per Gesetz durchgesetzt wurden. In ihrem Buch *Elemente und Ursprünge totalitärer Herrschaft* schrieb Hannah Arendt folgendes:»Als die jüdischen Bürger der europäischen Staaten ihrer bürgerlichen und politischen Rechte beraubt worden waren, als sie nur noch als Menschen vor ihren Peinigern standen, rief auch ihre Nacktheit nicht deren Mitleid hervor.« Arendt:»Vor der abstrakten Nacktheit des Menschseins hat die Welt keinerlei Ehrfurcht empfunden; die Menschenwürde war offenbar durch das bloße Auch-ein-Mensch-Sein nicht zu realisieren.«[25] Die Allgemeine Erklärung wollte die Idee der Menschenrechte genau in dem historischen Augenblick wiederbeleben, in dem sich gezeigt hatte, daß sie nicht in wie auch immer gearteten natürlichen menschlichen Eigenschaften begründet waren.

Zu diesem Paradoxon kann man nur sagen, daß es das gespaltene Bewußtsein beschreibt, mit dem wir seitdem in bezug auf die Menschenrechte leben. Wir verteidigen die Menschenrechte als allgemeingültige Werte in dem vollen Bewußtsein, daß sie den menschlichen Neigungen mehr entgegenwirken müssen, als daß sie sie widerspiegeln.

Somit können wir die Menschenrechte nicht mit natürlichem menschlichem Mitleid oder mit Solidarität begründen. Denn die Idee, dies seien natürliche Neigungen, impliziert, daß sie angeboren und allgemein unter den Menschen verbreitet sind. Die Realität – wie der Holocaust und zahllose andere Greueltaten deutlich machen – sieht jedoch anders aus. Wir müssen unsere Überzeugung vom Wert der Menschenrechte auf eine Grundlage stellen, die die Menschen so nimmt, wie sie sind, also vom Schlimmsten ausgeht, zu dem wir als Menschen fähig sind, und nicht hoffnungsvoll das Beste annimmt. Mit anderen Worten, wir sollten Begründungen nicht von der menschlichen Natur, sondern von der menschlichen Geschichte herleiten, von dem Wissen um das, was wahrscheinlich geschehen wird, wenn Menschen nicht den Schutz von Rechten genießen. Wir müssen uns an den Zeugnissen der Angst und nicht an hoffnungsvollen Erwartungen orientieren. So hat sich meiner Ansicht nach das Menschenrechtsbewußtsein nach dem Holocaust entwickelt. Die Menschenrechte sind ein Produkt dessen, was Judith Shklar einmal »den aus Angst geborenen Liberalismus« genannt hat.[26] Ähnlich äußerte sich Isaiah Berlin im Jahre 1959, als er sagte, das Bewußtsein von der Notwendigkeit eines Moralgesetzes in der Zeit nach dem Holocaust speise sich nicht mehr aus dem Glauben an die Vernunft, sondern aus der Erinnerung an das Grauen. »Weil gegen diese Regeln verstoßen worden ist, waren wir genötigt, sie uns bewußt zu machen.« Und um welche Regeln handelte es sich seiner Ansicht nach?

»Wir kennen kein Gericht, keine Autorität, die es in einem regulären Verfahren Menschen erlauben würde, falsches Zeugnis abzulegen, nach Belieben zu foltern, andere Menschen zum Spaß umzubringen; wir können uns nicht vorstellen, daß diese universellen Prinzipien je außer Kraft gesetzt werden könnten.«[27]

Der Holocaust zeigte, wie die Welt aussah, als die reine Tyrannei freie Hand hatte, die natürliche Grausamkeit der Menschen auszunutzen. Ohne den Holocaust hätte es also keine Allgemeine Erklärung der

Menschenrechte gegeben. Aber wegen des Holocaust darf es auch keinen bedingungslosen Glauben an diese Erklärung geben. Der Holocaust verweist sowohl auf die wohldurchdachte Notwendigkeit von Menschenrechten als auch auf deren letztendliche Fragilität. Wenn der exterminatorische Nihilismus der Nationalsozialisten ein Endprodukt des westlichen Rationalismus war, dann ist jede nur am Verstand orientierte Ethik machtlos, denn der menschliche Verstand kann seine eigenen exterminatorischen Projekte rationalisieren. Wenn der Verstand den Holocaust rationalisierte, so die Argumentation, dann kann in Zukunft nur eine Ethik einen Holocaust verhindern, die sich aus einer höheren Quelle als dem Verstand speist. Somit stellt der Holocaust nicht nur eine Anklage gegen den westlichen Nihilismus, sondern auch gegen den westlichen Humanismus und die Menschenrechte dar. Denn die Menschenrechte sind ein säkularer Humanismus: eine Ethik, die sich nicht auf Gott oder eine andere höchste Instanz beruft, sondern nur in menschlicher Vorsicht begründet ist.

Folglich überrascht es nicht, daß die Menschenrechte seit dem Holocaust anhaltenden intellektuellen Angriffen von katholischer, protestantischer und jüdischer Seite ausgesetzt sind, die im wesentlichen in die gleiche Richtung gehen: Wenn der Zweck der Menschenrechte darin besteht, der Machtausübung menschlicher Macht Grenzen zu setzen, dann muß die Macht, die dies vermag, jenseits der menschlichen Sphäre liegen und religiös fundiert sein.

Michael Perry, Rechtsphilosoph an der Wake Forest University, vertritt beispielsweise die Auffassung, die Menschenrechtsidee hätte einen »unaufhebbaren religiösen Charakter«.[28] Wenn man nicht glaubt, so Perry, daß die Menschen etwas Heiliges sind, dann gibt es keinen überzeugenden Grund für die Annahme, daß ihre Würde durch Rechte geschützt werden sollte. Nur ein religiöses Menschenbild, das die Menschen als das Werk Gottes begreift, kann die Vorstellung begründen, die einzelnen Individuen hätten unverletzbare naturgegebene Rechte. Max Stackhouse, Theologe an der Princeton University, meint, die Menschenrechtsidee müsse in der Gottesidee oder zumindest in der Idee »transzendentaler Moralgesetze« begründet sein. Die Menschenrechte benötigen seiner Ansicht nach eine Theologie, die erklärt, warum die Menschen »das Recht auf Rechte« haben.[29] Von einem religiösen Standpunkt aus betrachtet, stellt der säkulare Humanismus die Menschen auf ein Podest, während sie eigentlich dort sein sollten, wo sie hingehören, nämlich im Staub. Wenn die Menschenrechte dazu da sind, Übergriffe auf Menschen zu definieren und einzugrenzen, dann müßte die ihnen zugrunde liegende Philosophie im Menschen eigentlich ein Tier sehen, dem Zügel anzulegen sind. Statt dessen machen die Menschenrechte den Menschen zum Maß aller Dinge, was von einem religiösen Standpunkt aus eine Form der Vergötzung darstellt, die aus drei Gründen gefährlich ist: Erstens stellt sie die Forderungen, Bedürfnisse und Rechte der Menschen über alles andere und läuft daher Gefahr, ein instrumentelles Verhältnis zu anderen Lebewesen zu rechtfertigen; zweitens billigt sie das gleiche instrumentelle und ausbeuterische Verhältnis zur Natur und zur Umwelt; und schließlich fehlt ihr die metaphysische Fundierung, die nach religiöser Auffassung notwendig ist, um dem Umgang des Menschen mit dem menschlichen Leben bestimmte Grenzen zu setzen, wie bei der Schwangerschaftsunterbrechung oder bei medizinischen Experimenten.[30]

Was ist an den Menschen denn so heilig? Warum glauben wir, daß die Menschen bei all ihrer völligen Unterschiedlichkeit in bezug auf Rasse, Glaubensbekenntnis, Bildung und Leistung die gleichen unveräußerlichen Rechte besitzen? Wenn Vergötzung darin besteht, ein rein menschliches Prinzip in den Rang eines unhinterfragten absoluten Wertes zu erheben, dann könnte es so aussehen, als würden die Menschenrechte zu einem Götzen gemacht.[31] Doch die Humanisten nehmen den Menschenrechten gegenüber keine verehrende Haltung im wörtlichen Sinne ein; wir wollen lediglich zum Ausdruck bringen, daß jeder Mensch eine unantastbare Würde besitzt. Das ist keine verehrende Haltung. Die Metapher von Verehrung und Anbetung meint blinde Gläubigkeit, also die Unfähigkeit, humanistische Prämissen ebenso kritisch zu durchleuchten, wie der humanistische Rationalismus den religiösen Glauben kritisch durchleuchtet. Im Kern lautet der Vorwurf, der Humanismus sei schlicht und einfach inkonsequent. Er kritisiere alle Formen der Verabsolutierung, außer die Verabsolutierung seiner selbst. Dem müssen konsequente Humanisten entgegenhalten, daß an den Menschen *nichts* heilig ist, daß sie nichts haben, was eine verehrende oder uneingeschränkt respektvolle Haltung ihnen gegenüber rechtfertigt. Von den Menschenrechten läßt sich lediglich sagen, daß sie notwendig sind, um die Menschen vor Gewalt und Übergriffen zu schützen, und wenn nach dem Warum gefragt wird, ist die einzig mögliche Antwort der Verweis auf die Geschichte. Die Menschenrechte dienen den Menschen als ein Instrumentarium zur Verteidigung ihrer Autonomie gegen Unterdrückung durch Religion, Staat, Familie oder Gruppe. Auch andere Instrumente sind dafür denkbar, aber dieses steht den Menschen hier und jetzt zur Verfügung. Darüber hinaus muß ein Humanist darauf hinweisen, daß die Menschenrechte *nicht* die höchste Trumpfkarte in der moralischen Argumentation darstellen. Eine solche höchste Trumpfkarte gibt es nicht. Rechtskonflikte und ihre Lösung machen schwierige Verhandlungen und Kompromisse notwendig. Genau aus diesem Grund sind weder Rechte noch Träger von Rechten etwas Heiliges. Träger von Rechten zu sein, bedeutet nicht, über eine heilige Unantastbarkeit zu verfügen, sondern sich zu verpflichten, in einer Gemeinschaft zu leben, in der Rechtskonflikte nicht durch Gewalt, sondern durch Überzeugung gelöst werden. Mit Rechten geht die Pflicht einher, die begründeten Anliegen anderer Menschen zu respektieren und Meinungsverschiedenheiten auf dem Wege der Diskussion zu klären. Mit Rechten ist nicht Respekt und schon gar nicht Verehrung, sondern die grundlegende moralische Pflicht verbunden, sich mit anderen Menschen argumentativ auseinanderzusetzen.[32] Die Mindestvoraussetzung für eine solche Auseinandersetzung ist nicht unbedingt Respekt, sondern lediglich negative Toleranz, also die Bereitschaft, im selben Raum zu bleiben und sich Standpunkte anzuhören, die man nicht gerne hört, um Kompromisse zu finden, die verhindern, daß widerstreitende Forderungen zu irreparablen Schäden für eine Seite führen. Das ergibt sich aus der gemeinsamen Anerkennung der Menschenrechte.

Diese Antwort wird einen religiös eingestellten Menschen wohl nicht befriedigen. Wie die Humanisten zu glauben, daß es nichts Heiliges gibt – wenngleich das, was andere für heilig halten, ein Recht auf Schutz hat –, bedeutet aus einer religiösen Perspektive, der Ausübung menschlicher Macht keine Beschränkungen aufzuerlegen. Die Idee des Heiligen – die Idee, daß es eine Sphäre gibt, die sich jenseits des menschlichen Wissens oder der menschlichen Vorstellung befindet, ein Berg Sinai, der für immer den Blicken der Menschen entzogen ist – soll dem menschlichen Machtwillen Grenzen setzen. Sogar als Metapher – losgelöst von jeder Metaphysik – ist mit dem Heiligen die Vorstellung verbunden, daß es eine moralische Grenze geben muß, die kein Mensch überschreiten darf. Die Menschenrechte stellen einen Versuch dar, diese Grenze zu bestimmen. Doch von einem religiösen Standpunkt aus ist jeder Versuch, der Ausübung menschlicher Macht eine rein säkulare Grenze zu setzen, sinnlos. Ohne die Idee einer nicht-menschlichen Sphäre des Göttlichen, ohne die Idee des Heiligen und einer unüberschreitbaren Grenze, die sowohl dem Verstand als auch der Macht gesetzt ist, kann es dieser Auffassung zufolge keinen wirksamen Schutz der Menschen vor sich selbst geben. Der strittige Punkt ist letztlich dieser: Der religiös eingestellte Mensch glaubt, daß sich die Menschen nur dann vor ihrer eigenen Destruktivität schützen können, wenn sie auf die Knie fallen; der Humanist glaubt, daß sie dies nur können, wenn sie aufrecht stehen.

Dies ist eine alte Kontroverse, und jede Seite kann mit eindrucksvollen historischen Argumenten aufwarten. Das stärkste Argument der religiösen Seite ist der empirische Nachweis, daß Männer und Frauen mit religiöser Überzeugung fähig waren, gegen die Tyrannei aufzustehen, wohingegen Menschen ohne eine solche Überzeugung dies nicht taten. In den sowjetischen Arbeitslagern gaben religiös eingestellte Menschen, die so unterschiedlichen Glaubensrichtungen wie dem Judentum und dem Siebenten-Tag-Adventismus anhingen, bewundernswerte Beispiele für die Unzerstörbarkeit der Menschenwürde. Es war auch die religiöse Überzeugung, die einige katholische Geistliche und Nicht-Geistliche dazu brachte, Juden während des Krieges zu verstecken. Und schließlich ist auch die schwarze Bürgerrechtsbewegung in den Vereinigten Staaten nicht zu begreifen, wenn man vergißt, welchen Einfluß religiöse Führer, religiöse Metaphern und eine religiös geprägte Sprache auf Menschen hatten, die ihr Leben für das Wahlrecht aufs Spiel setzten. Diese Beispiele haben mehr Überzeugungskraft als metaphysische Argumente. Aber auch der Säkularismus hat seine Helden. Die Lyrik der Dichterin Anna Achmatowa verlieh den Qualen all der Frauen eine Stimme, die, wie sie selbst, Mann und Kinder in den Gulags verloren. Primo Levi, ein nicht-religiöser Jude und Wissenschaftler, legte Zeugnis im Namen derjenigen ab, die in Auschwitz umgebracht wurden. Seine Arbeit bezeugt in beispielhafter Weise die Fähigkeit der säkularen Vernunft, das ungeheuerliche Ausmaß des Bösen zu beschreiben. Moralischer Mut speist sich aus allen ihm zur Verfügung stehenden Quellen, und Helden haben aus säkularen wie aus religiösen Quellen geschöpft.

Wenn es um die Frage geht, welchen Quellen das Böse entspringt, können religiös eingestellte Menschen nicht behaupten, Gottesfurcht hätte die Menschen daran gehindert, die schrecklichsten Untaten zu begehen. Die Idee, der Glaube an etwas Heiliges sei notwendig, um die Menschen vor einem unmoralischen Verhalten zu bewahren, steht – gelinde gesagt – auf schwachen empirischen Füßen. Denn heilige Zwecke sind oftmals in den Dienst schändlicher Vorhaben gestellt worden. Schließlich ist die Religion eine Lehre, die unanfechtbare Grundsätze verkündet. Die Überzeugung, man sei im Besitz unangreifbarer Glaubenswahrheiten und Gott befehle einem, den Glauben zu verbreiten, hat zur Rechtfertigung von Folterungen, Zwangsbekehrungen, der Verurteilung der Ketzerei und dem Verbrennen von Ketzern geführt. Grundsätzliche Überzeugungen aller Art stellten lange Zeit eine Bedrohung für die Menschenrechte dar.

Andererseits ist es schwierig, die Überzeugungskraft der religiösen Gegenargumente zu leugnen: Die Verbrechen des zwanzigsten Jahrhunderts seien ein Ausdruck säkularer Hybris gewesen; sie seien einer menschlichen Macht entsprungen, die von der ihr zur Verfügung stehenden Technik vergiftet gewesen sei und der jeder Sinn für eine ethische Grenze gefehlt habe. Sofern die Geschichte ein verläßlicher Zeuge ist, kann sie weder dem Gläubigen noch dem Nicht-Gläubigen Recht geben. Wenn das uneingeschränkt Böse herrschte, waren sowohl der säkulare Humanismus als auch der überkommene Glaube entweder völlig hilflose Opfer oder begeisterte Mittäter.

Welcher Schluß ist daraus zu ziehen? Ein Humanist wird darauf hinweisen, daß Religionen anthropomorphe Aussagen über die Identität ihres Gottes machen, während sie gleichzeitig behaupten, Er entziehe sich der menschlichen Vorstellungskraft. Dieser Widerspruch verweist auf ein vielleicht notwendiges Element der Idolatrie. Die Gläubigen müssen irgend etwas anbeten. Ihre Frömmigkeit muß sich an einem Bild oder Gegenstand festmachen, an den sie ihre Gebete richten können. Daher gibt es in den meisten Weltreligionen Bilder oder Darstellungen des Göttlichen. Somit ist Idolatrie anscheinend eine notwendige Komponente eines jeden Glaubens. Wenn das für die Religion zutrifft, trifft es auch für den Humanismus zu. Wir haben nicht das Recht, die menschliche Gattung blind zu verehren, aber unser Einsatz für ihren Schutz macht es erforderlich, an die Menschen zu *glauben*. Ein solcher Glaube kann nur bedingt sein und muß angesichts der Tatsache, daß wir bisweilen zu schrecklichen Taten fähig sind, immer aufs neue bekräftigt werden.

Angesichts der Gefahr einer kritiklosen Verabsolutierung sind alle Menschen, die an etwas glauben, seien sie säkular oder religiös eingestellt, zur Nüchternheit aufgefordert; sie sollten ihren Enthusiasmus und ihr überströmendes Gerechtigkeitsempfinden einer ständigen Überprüfung unterziehen. Religiös eingestellte Menschen, die sich dieser Gefahr bewußt sind, sollten in ihrer Frömmigkeit nach Zeichen von Stolz, Fanatismus oder Intoleranz gegenüber anderen Gläubigen suchen; Nicht-Gläubige sollten sich vor der Verachtung für die religiösen Überzeugungen anderer Menschen à la Voltaire hüten. Eine solche Verachtung geht davon aus, daß die menschliche Vernunft fähig sei, den Inhalt anderer Überzeugungen zu beurteilen. Aber das vermag die säkulare Vernunft nicht. Daher hat die Metapher des Götzendienstes für religiös wie für säkular eingestellte Menschen die Funktion, blinder Gläubigkeit und Verachtung entgegenzuwirken. Nicht-Gläubige mißverstehen die Exodus-Geschichte völlig, wenn sie meinen, sie stelle nur eine Warnung vor religiöser blinder Gläubigkeit dar. In Wirklichkeit handelt es sich um die große mythische Warnung vor der menschlichen Fehlbarkeit von Gläubigen und Nicht-Gläubigen, vor unserer Schwäche für selbstgeschaffene Idole und unserer Neigung, Dinge zu verehren, die rein menschlicher Natur sind. Ein Humanismus, der alles Menschliche kritiklos verehrt, der stolz darauf ist, ein Werk der Menschen zu sein, ist ebenso fehlgeleitet wie diejenigen religiösen Überzeugungen, die vorgeben, Gottes Pläne für die Menschen zu *kennen*. Ein Humanismus, der nicht der Gefahr erliegt, sich selbst zu verabsolutieren, ist ein Humanismus, der sich weigert, metaphysische Aussagen zu machen, die er nicht begründen kann, ein Humanismus, der so weise ist, die eindringlichen Warnungen der Exodus-Geschichte ernst zu nehmen.

Doch selbst ein bescheidener Humanismus sollte den Mut haben zu fragen, warum die Menschenrechte der Idee bedürfen sollten, es gebe eine Sphäre des Heiligen. Wenn diese Idee bedeutet, daß das menschliche Leben umhegt und geschützt werden sollte, warum braucht sie dann theologische Begründungen? Warum brauchen wir die Vorstellung von Gott, um zu glauben, daß Menschen mit anderen Menschen nicht tun können, was sie wollen; daß Menschen nicht geschlagen, gefoltert, genötigt, indoktriniert oder in irgendeiner Weise gegen ihren Willen geopfert werden dürfen? Diese intuitiven Annahmen ergeben sich schlichtweg aus unseren eigenen Erfahrungen mit Schmerz und Leid sowie aus unserer Fähigkeit, *uns* den Schmerz und das Leid anderer vorzustellen. Die Überzeugung, daß Menschen etwas Heiliges seien, verhindert nicht unbedingt die oben genannten Übergriffe. Im Gegenteil: Folter und Verfolgung werden häufig mit einem heiligen Zweck gerechtfertigt. Die Stärke einer rein säkularen Ethik liegt darin, daß sie darauf besteht, daß es keine »heiligen« Zwekke gibt, die die unmenschliche Behandlung von Menschen rechtfertigen können. Ein Humanismus ohne Letztbegründung mag als eine unsichere Sache erscheinen, aber er hat den Vorteil, daß er Unmenschlichkeit nicht mit grundsätzlichen Argumenten rechtfertigen kann. Eine säkulare Verteidigung der Menschenrechte stützt sich auf die Idee der moralischen Reziprozität: Wir messen menschliche Handlungen daran, ob wir uns wünschen, von ihnen betroffen zu sein. Da wir uns keine Umstände vorstellen können, unter denen wir – oder irgend jemand, den wir kennen – seelische oder körperliche Übergriffe erleiden möchten, haben wir gute Gründe für die Annahme, daß derartige Praktiken geächtet sein sollten. Daß wir zu diesem Gedankenexperiment fähig sind –, daß wir also die Fähigkeit besitzen, uns den Schmerz und die Erniedrigung anderer so vorzustellen, als würden wir sie selbst erleiden –, ist ein Wesensmerkmal des Menschen. Da wir alle zu dieser begrenzten Empathie fähig sind, haben wir alle ein Gewissen, und weil das so ist, möchten wir die Freiheit haben, uns selbst eine Meinung zu bilden und unsere Begründungen vorzubringen. Die Tatsache, daß es viele Menschen gibt, die dem Schmerz anderer gleichgültig gegenüberstehen, beweist nicht, daß sie kein Gewissen haben, sondern nur, daß dieses Gewissen frei ist. Diese Freiheit ist bedauerlich: Sie versetzt Menschen in die Lage, aus freien Stücken das Böse zu wählen, doch genau diese Freiheit ist konstitutiv für das Gewissen. Dieses Merkmal der Menschen – daß sie Schmerz empfinden, daß sie den Schmerz anderer erkennen können und daß sie die Freiheit haben, Gutes zu tun und Böses zu lassen – ist die Grundlage unserer Überzeugung, daß alle Menschen vor Grausamkeit geschützt werden sollten. Eine derart minimalistische Auffassung von den menschlichen Fähigkeiten – Empathie, Gewissen und freier Wille – beschreibt im wesentlichen, was ein Individuum zu einem handlungsfähigen Subjekt macht. Dieses Subjekt vor Grausamkeit zu schützen, bedeutet, es mit grundlegenden bürgerlichen und politischen Rechten auszustatten. Diejenigen, die behaupten, bürgerliche und politische Rechte bedürften der Ergänzung um soziale und wirtschaftliche Rechte, sagen zwar etwas

Richtiges – nämlich, daß individuelle Rechte nur im Rahmen kollektiver Rechte wirksam ausgeübt werden können –, aber diese Forderungen verstellen den Blick dafür, welcher Bereich Priorität hat: Individuelle Rechte ohne kollektive Rechte mögen schwer auszuüben sein, aber kollektive Rechte ohne individuelle Rechte enden in der Tyrannei.

Zudem führt die Inflation der Rechte – die Tendenz, jedes wünschenswerte Gut als ein Recht zu definieren – zur Untergrabung der Legitimität eines vertretbaren und begründbaren Kernbestands von Rechten. Dieser Kernbestand sollte auf diejenigen Rechte beschränkt sein, die jedes menschliche Leben lebenswert machen. Damit soll gesagt werden, daß zivilgesellschaftliche und politische Freiheiten die notwendige Voraussetzung für die Erlangung sozialer und wirtschaftlicher Sicherheit sind. Ohne die Freiheit, eine politische Meinung zu äußern, ohne Rede und Versammlungsfreiheit, ohne die Freiheit, Eigentum zu haben, können die Menschen sich nicht für den Kampf um soziale und wirtschaftliche Sicherheit wappnen.

Amartya Sen vertritt den Standpunkt, das Recht auf Redefreiheit sei nicht, wie die marxistische Tradition behauptete, ein überflüssiger bürgerlicher Luxus, sondern die Voraussetzung für den Besitz von Rechten überhaupt. »Es hat niemals eine große Hungersnot in einem Land gegeben«, so Sen, »das eine demokratische Regierungsform und eine relativ freie Presse hatte.« Der Große Sprung in China, in dessen Verlauf zwischen dreiundzwanzig und dreißig Millionen Menschen aufgrund einer irrationalen Regierungspolitik umkamen, die auch angesichts ihres offenkundigen Scheiterns unerbittlich fortgesetzt wurde, hätte es in einem Land mit Korrekturmechanismen wie einer freien Presse und einer politischen Opposition niemals geben können.[33] Soviel zu dem in Asien häufig zu hörenden Argument, das »Recht auf Entwicklung«, auf wirtschaftlichen Fortschritt müsse vor dem Recht auf Redefreiheit und eine demokratische Regierung rangieren. Bürgerliche und politische Rechte sind sowohl ein starker Motor für die wirtschaftliche Entwicklung als auch ein Bollwerk gegen Pläne und Projekte, die vom Staat mit Zwang durchgesetzt werden. Freiheit, um den englischen Titel von Sens letztem Buch abzuwandeln, *ist* Entwicklung.[34]

Eine solche säkulare Begründung der Menschenrechte kann religiös denkende Menschen natürlich nicht zufriedenstellen. Für sie ist ein säkularer Humanismus das kontingente Ergebnis der europäischen Zivilisation, das in nicht-europäischen und nicht-säkularen Kulturen schwerlich Zustimmung gewinnen wird. Folglich hat man mit erheblichem Aufwand nachzuweisen versucht, daß die moralischen Grundlagen der Allgemeinen Erklärung von den Lehren der großen Weltreligionen hergeleitet sind. Das hat dazu geführt, daß die Allgemeine Erklärung dergestalt uminterpretiert wurde, daß in ihr eine Zusammenfassung der moralischen Weisheit vieler Zeitalter gesehen wurde. Paul Gordon Laurens beginnt seine Geschichte der Idee der Menschenrechte mit einem Überblick über die Weltreligionen und schließt mit der Feststellung: »Daß jeder Mensch einen moralischen Wert besitzt, ist eine Überzeugung, die nicht nur eine Zivilisation, ein Volk, eine Nation, ein geographisches Gebiet oder ein Jahrhundert für sich in Anspruch nehmen kann.«[35]

Dieser religiöse Synkretismus besitzt wenig inspirierende Kraft. Lauren selbst räumt ein, daß nur die westliche Kultur weithin anerkannte Annahmen über die Würde und Gleichheit der Menschen in brauchbare Rechtsgrundsätze gegossen hat. Diese Grundsätze entstanden nicht in Dschidda oder Peking, sondern in Amsterdam, Sienna und London, wo die Europäer die Freiheiten und Privilegien ihrer Städte und ihrer Stände gegen den Adel und den sich herausbildenden Nationalstaat verteidigten.

Auf den europäischen Ursprung der Menschenrechte hinzuweisen, bedeutet nicht, einem westlichen Kulturimperialismus das Wort zu reden. Der zeitliche Vorsprung verleiht noch keine moralische Überlegenheit. Wie Jack Donnelly ausführt, bestand die historische Funktion der Allgemeinen Erklärung nicht in der allgemeinen Verbreitung europäischer Werte, sondern in der ewigen Ächtung einiger dieser »Werte«, wie etwa Rassismus, Sexismus und Antisemitismus.[36] Nicht-westliche Gegner der Menschenrechte sehen in der Proklamierung ihrer »Universalität« westliche Arroganz und mangelnde Sensibilität. Dabei ist mit Universalität nur Konsequenz gemeint. Der Westen ist verpflichtet, das zu praktizieren, was er verkündet. Damit steht der Westen, nicht weniger als die übrige Welt, ständig auf dem Prüfstand.

Der Westen gegen sich selbst

In der moralischen Auseinandersetzung zwischen dem »Westen« und dem »Rest« der Welt nehmen beide Seiten fälschlicherweise an, die andere Seite spreche mit einer Stimme. Wenn sich die nicht-westliche Welt mit den Menschenrechten auseinandersetzt, nimmt sie – zu Recht – an, daß der Menschenrechtsdiskurs seine Wurzeln in historischen Traditionen hat, die von allen bedeutenden westlichen Ländern geteilt werden. Die westlichen Nationen interpretieren die Kernprinzipien ihrer eigenen Rechtstradition jedoch sehr unterschiedlich. Eine gemeinsame Tradition führt nicht unbedingt zu gemeinsamen Standpunkten in Rechtsfragen. Alle den Westen prägenden Rechtskulturen – die englische, die französische und die amerikanische – haben ein anderes Verständnis von Fragen wie etwa der Privatsphäre, Redefreiheit, Volksverhetzung, dem Recht, Waffen zu tragen, und dem Recht auf Leben. In den fünfzig Jahren seit der Verabschiedung der Allgemeinen Erklärung sind diese Meinungsverschiedenheiten innerhalb der verschiedenen westlichen Rechtstraditionen schärfer hervorgetreten. Ja, die Einmütigkeit des Westens in bezug auf moralische Wertvorstellungen – ein Mythos, der nach außen überzeugender wirkt als nach innen – zerbricht und offenbart eine unabänderliche Heterogenität. Der amerikanische Rechtsdiskurs gehörte einst zur gemeinsamen europäischen Naturrechtstradition und zum britischen Gewohnheitsrecht. Doch gibt es neben diesem Bewußtsein für die gemeinsamen Wurzeln zunehmend die Erkenntnis, daß Amerika in moralischen und rechtlichen Fragen eine Sonderrolle spielt.

Die amerikanische Menschenrechtspolitik hat in den letzten zwanzig Jahren in wachsendem Maße einen eigenen Kurs verfolgt und paradoxe Züge angenommen: Sie ist das Produkt eines Landes mit einer großen Menschenrechtstradition, das weltweit die Menschenrechtsverletzungen anderer Länder anprangert, sich selbst aber weigert, wichtige internationale Rechtskonventionen zu ratifizieren. Der stärkste Widerstand gegen die innerstaatliche Anwendung internationaler Rechtsnormen kommt nicht von Schurkenstaaten außerhalb der westlichen Tradition oder vom Islam und asiatischen Gesellschaften. Er kommt aus dem Zentrum der westlichen Rechtstradition, von einem Land, das Rechte mit dem souveränen Volkswillen verknüpft und somit eine internationale Überwachung der Einhaltung der Menschenrechte als Eingriff in seine demokratische Ordnung betrachtet. Von allen Merkwürdigkeiten, die die Geschichte der Menschenrechte seit der Verabschiedung der Allgemeinen Erklärung begleitet haben, wäre Eleanor Roosevelt über eine besonders erstaunt gewesen: darüber, wie sehr ihr eigenes Land in diesen Fragen heute abseits steht.

In den nächsten fünfzig Jahren können wir damit rechnen, daß der moralische Konsens, der die Allgemeine Erklärung seit 1948 trug, weiter abbröckeln wird. Trotz aller Rhetorik über gemeinsame Werte wird die Kluft zwischen Amerika und Europa in Menschenrechtsfragen – wie bei der Schwangerschaftsunterbrechung oder der Todesstrafe – möglicherweise tiefer werden, so wie die Kluft zwischen dem Westen und der übrigen Welt wohl ebenfalls wachsen wird. Es gibt keinen Grund zu der Annahme, daß die wirtschaftliche Globalisierung die moralische Globalisierung nach sich zieht. Man kann im Gegenteil davon ausgehen, daß in dem Maße, in dem die Volkswirtschaften ihre Geschäftspraktiken, Eigentumsformen, Sprache und Kommunikationsnetze vereinheitlichen, eine Gegenbewegung zum Schutz der Gemeinschaft, der nationalen Kultur, der Religion und der einheimischen Lebensweise entsteht.

Damit prophezeie ich nicht das Ende der Menschenrechtsbewegung, sondern ihr spätes »Mündigwerden«: ihre Erkenntnis, daß wir in einer pluralistischen Welt leben, in der die verschiedenen Kulturen ein Recht darauf haben, als gleichwertige Partner einen Dialog darüber zu führen, was wir Menschen antun dürfen und was nicht, was wir tun und was wir lassen sollen. In dieser Hinsicht hatten die Menschenrechte in der Geschichte des menschlichen Fortschritts vielleicht eine ganz wichtige Funktion: Sie haben die Hierarchie der Zivilisationen und Kulturen beseitigt. Noch 1945 nahm man an, die europäische Zivilisation sei den von ihr dominierten Zivilisationen überlegen. Viele Europäer glauben das heute noch, wenngleich sie wissen, daß sie dazu kein Recht haben. Auch viele nicht-europäische Völker nahmen selbstverständlich an, daß die Zivilisation ihrer Beherrscher der ihrigen überlegen sei. Daß sie keinen Grund haben, dies weiterhin anzunehmen, ist auf die weltweite Ausbreitung der Menschenrechte zurückzuführen. In ihnen kommt am konsequentesten die moralische Gleichheit aller auf der Erde lebenden Menschen zum Ausdruck. Aber in dem Maße, in dem das geschieht, nehmen auch die Konflikte in bezug auf die Bedeutung, Anwendung und Legitimität von Rechtsansprüchen zu. Die Menschenrechte besagen: Es ist Sache aller Menschen, darüber zu reden, wie sie einander behandeln sollten. Doch sobald dieses universelle Recht, seine Meinung zu sagen und angehört zu werden, gegeben ist, kommt es unweigerlich zu heftigen Auseinandersetzungen und Meinungsverschiedenheiten. Warum? Weil die europäischen Stimmen, die das Stimmengewirr einst gebieterisch zum Schweigen brachten, dies nicht mehr als ihr Vorrecht betrachten, und weil diejenigen, die mit ihnen an einem Tisch sitzen, ihnen dieses Vorrecht nicht mehr einräumen. All dies gilt als Fortschritt, als ein Schritt vorwärts zu einer Welt, die auf Jahrtausende durch unterschiedliche Kulturen und Religionen geprägt sein wird: eine Welt der moralischen Gleichheit aller Menschen. Aber eine Welt der moralischen Gleichheit ist auch eine Welt von Konflikten, Diskussionen und Streit.

Es sei noch einmal gesagt: Wir müssen aufhören, die Menschenrechte als Trümpfe zu betrachten, und anfangen, sie als ein Instrumentarium zu sehen, das die Basis für eine argumentative Auseinandersetzung schafft. In dieser Auseinandersetzung kann der gemeinsame Nenner begrenzt sein: Er kann sich auf das intuitive Wissen beschränken, daß das, was Schmerz und Demütigung für andere ist, auch Schmerz und Demütigung für einen selbst ist. Doch das ist schon etwas. In einer solchen Zukunft sind die Menschenrechte nicht das universelle Credo einer globalen Gesellschaft, nicht eine säkulare Religion, sondern etwas viel Begrenzteres, das dennoch ebenso wertvoll ist: das gemeinsame Vokabular, das als Ausgangsbasis für den Austausch von Argumenten dienen kann, und der Minimalkonsens, aus dem sich unterschiedliche Vorstellungen von einem gedeihlichen menschlichen Leben entwickeln können.

ANMERKUNGEN

Menschenrechte als Politik

1 Primo Levi, *Ist das ein Mensch?*, Frankfurt am Main: Fischer Verlag, 1961, S. 111. Auf die Bedeutung dieses Abschnitts bin ich durch Alain Finkielkrauts Buch *Verlust der Menschlichkeit: Versuch über das 20. Jahrhundert*, Stuttgart: Klett-Cotta, 1998, aufmerksam geworden.
2 Richard Rorty, *Truth and Moral Progress: Philosophical Papers*, Cambridge: Cambridge University Press, 1998, S. 11.
3 A. H. Robertson und J. G. Merrills, *Humans Rights in the World*, 4. Aufl., London: Manchester University Press, 1986, Kap. 1; Johannes Morsink, *The Universal Declaration of Human Rights: Origins, Drafting and Intent*, Philadelphia: University of Pennsylvania Press, 1998.
4 Paul Gordon Lauren, *The Evolution of International Human Rights: Visions Seen*, Philadelphia: University of Pennsylvania Press, 1998, S. 269; auch Yael Danieli u. a. (Hrsg.), *The Universal Declaration of Human Rights: Fifty Years and Beyond*, New York: Baywood, 1998.
5 Geoffrey Robertson, *Crimes against Humanity: The Struggle for Global Justice*, London: Allen Lane, 1999, S. 51–54.
6 Luke Clements und James Young (Hrsg.), *Human Rights: Changing the Culture*, Oxford: Blackwell, 1999; siehe auch Andrew Moravcsik, »The Origins of Human Rights Regimes: Democratic Delegation in Postwar Europe«, in: *International Organization* 54, Nr. 2, Frühjahr 2000, S. 217–53.
7 United States Department of State, *1999 Country Reports on Human Rights*, Washington, D. C., 1999, Einleitung.
8 T. F. Homer-Dixon, *Environment, Scarcity, and Violence*, Princeton: Princeton University Press, 1999; O. Mehmet, E. Mendes und R. Sinding, *Towards a Fair Global Labour Market: Avoiding a New Slave Trade*, London: Routledge, 1999; siehe auch Amnesty International, *Human Rights: Is It Any of Your Business?*, London 2000; Carnegie Council on Ethics and In-

ternational Affairs, »Who Can Protext Workers' Rights?«, in: *Human Rights Dialogue* 2, Nr. 4, Herbst 2000.
9 René Cassin, *La Pensée et l'action,* Paris: Lalou, 1972; John P. Humphrey, *Human Rights and the United Nations: A Great Adventure,* Dobbs Ferry, N.Y.: Transnational, 1984; Eleanor Roosevelt, *On My Own,* London: Hutchinson, 1959, Kap. 8; Mary Ann Glendon, *A World Made New: Eleanor Roosevelt and the Universal Declaration of Human Rights,* New York: Random House, 2000.
10 Willian Korey, *NGO's and the Universal Declaration of Human Rights,* New York, St. Martin's Press, 1998; siehe auch Margaret Keck und Kathryn Sikkinik, *Activists beyond Borders: Advocacy Networks in International Politics,* Ithaca: Cornell University Press, 1998.
11 Siehe beispielsweise Irina Ratuschinskaja, *Grau ist die Farbe der Hoffnung,* München: Knaus Verlag, 1988.
12 Kenneth Anderson, »After Seattle: NGO's and Democratic Sovereignty in an Era of Globalization« (unveröffentlichter Aufsatz, Harvard Law School, Herbst 2000). Ich danke Ken Anderson dafür, daß ich diesen Aufsatz lesen durfte.
13 Lauren, *Evolution of International Human Rights,* S. 32; P.M. Kielstra, *The Politics of Slave Trade Suppression in Britain and France, 1814–48,* London: Macmillan, 2000.
14 Korey, *NGO's and the Universal Declaration of Human Rights,* Kap. 3.
15 United Nations High Commissioner for Human Rights, Reports and Statements, Genf 1999. Siehe auch Tom Farer und Felice Gaer, »The UN and Human Rights: At the End of the Beginning«, in: Adam Robers und Benedict Kingsbury (Hrsg.), *United Nations, Divided World: The UN's Role in International Relation,* Oxford: Clarendon Press, 1993, S. 240–96.
16 Michael Ignatieff, *Virtueller Krieg: Kosovo und die Folgen,* Hamburg: Rotbuch Verlag, 2001; Anne-Marie Slaughter, Sara Sewall und Carl Kaysen (Hrsg.), *The United States and the International Criminal Court,* New York: Rowman and Littlefield, 2000.
17 Kenneth Roth, »The Court the US Doesn't Want«, in: *New York Review,* 19. November 1998; siehe auch David Rieff, »Court of Dreams«, in: *New Republic,* 7. September 1998; und Robertson, *Crimes against Humanity,* S. 300–341.
18 Der Ausdruck »Rechtsnarzißmus« stammt von mir und findet sich in meinem Aufsatz »Out of Danger«, in: *Index on Censorship 3, 1998,* S. 98.

19 Paul Kahn, »Hegemony« (unveröffentlichter Aufsatz), Yale Law School, Januar 2000. Ich danke Paul Kahn dafür, daß ich diesen Aufsatz vor der Veröffentlichung lesen durfte.
20 David Rieff, »Death Row«, in: *Los Angeles Times Book Review*, 13. Februar 2000; siehe auch H. A. Bedau (Hrsg.), *The Death Penalty in America: Current Controversies*, New York: Oxford University Press, 1999; Amnesty International, *The Death Penalty: List of Abolitionist and Retentionist Countries*, London: Amnesty, 1999.
21 Amnesty International, *Rights for All: Country Report, The USA*, London: Amnesty 1998.
22 Avisha Margalit und Moshe Halbertal, »Liberalism and the Right to Culture«, in: *Social Research* 61, Nr. 3, Herbst 1994.
23 Will Kymlicka, *Multicultural Citizenship*, Oxford: Clarendon Press, 1995, S. 107–31.
24 Ronald Dworkin, *Bürgerrechte ernstgenommen*, Frankfurt am Main: Suhrkamp Verlag, 1990.
25 Mary Ann Glendon, *Rights Talk: The Impoverishment of Political Discourse*, New York: Free Press, 1991.
26 Ronald Dworkin, *Die Grenzen des Lebens: Abtreibung, Euthanasie und persönliche Freiheit*, Reinbek: Rowohlt Verlag, 1994.
27 Wie Jing Sheng, »The Taste of the Spider«, in: *Index on Censorship* 3, 1998, S. 30–38; siehe auch U. S. Department of State, *1999 Country Reports on Human Rights: China*.
28 Siehe Mary Kaldor, *Neue und alte Kriege: organisierte Gewalt im Zeitalter der Globalisierung*, Frankfurt am Main: Suhrkamp Verlag, 2000; siehe auch Michael Ignatieff, *Reisen in den neuen Nationalismus*, Frankfurt am Main: Suhrkamp Verlag, 1996.
29 Zu Kurdistan siehe Ignatieff, *Reisen in den neuen Nationalismus*, S. 176–212; P. G. Kreyenbroek und S. Sperl, *The Kurds*, London: Routledge, 1991.
30 Fareed Zakaria, »The Rise of Illiberal Democracy«, in: *Foreign Affairs*, November/Dezember 1997, S. 22–43; Louis Henkin, *Constitutionalism, Democracy and Foreign Affaires*, New York: Columbia University Press, 1990; siehe auch Anthony Lewis, »Yes to Constitutions and Judges That Enforce Them«, in: *International Herald Tribune*, 7. Januar 2000.
31 Robert McCorquodale, »Human Rights and Self-Determination«, in: Mortimer Sellers (Hrsg.), *The New World Order: Sovereignty, Human Rights and the Self-Determination of Peoples*, Oxford: Berg, 1996, S. 9-35; siehe

auch Hurst Hannum, *Autonomy, Sovereignty and Self-Determination: The Accomodation of Conflicting Rights*, Philadelphia: University of Pennsylvania Press, 1996.

32 International Center for Ethnic Studies, *Sri Lanka: The Devolution Debate*, Colombo: ICES, 1996; Robert Rotberg (Hrsg.), *Creating Peace in Sri Lanka: Civil War and Reconciliation*, Washington, D.C., Brookings, 1999.

33 Walter Kemp (Hrsg.), *Quiet Diplomacy in Action: The OSCE High Commissioner on National Minorities*, Amsterdam: Kluwer, 2000.

34 John Packer, »Problems in Defining Minorities«, in: D. Fottrell und B. Bowring (Hrsg.), *Minority and Group Rights in the New Millennium*, Amsterdam: Kluwer, 1999; siehe auch *The Oslo Recommendations regarding the Linguistic Rights of National Minorities*, Den Haag: Foundation on Inter-Ethnic-Relations, 1998.

35 John Rawls, *The Law of Peoples*, Cambridge: Harvard University Press, 1999, S. 75–78.

36 Bernard Kouchner, *Le Malheur des autres*, Paris: Grasset, 1993; Kofi Annan, *The Question of Intervention*, New York: United Nations, 1999.

37 Gerry J. Simpson, »The Diffusion of Sovereignty: Self-Determination in the Post-Colonial Age«, in: Sellers, *The New World Order*, S. 55; Christopher Greenwood, »International Law, Just War and the Conduct of Modern Military Operations«, in: Patrick Mileham und Lee Willet (Hrsg.), *Ethical Dilemmas of Military Interventions*, London: RIIA, 1999, S. 1–9.

38 M.G. Johnson und Janusz Symonides, *The Universal Declaration of Human Rightes: A History of Its Creation and Implementation, 1948–1998*, Paris: UNESCO, 1998, S. 32.

39 Advisory Council on International Affairs, »Humanitarian Intervention«, Amsterdam, 2000; siehe www.aiv.-advice.nl; siehe auch Danish Institute of International Affairs, »Humanitarian Intervention: Legal und Political Aspects«, Kopenhagen 1999.

40 Zur militärischen Rolle der UN in Ruanda siehe Romeo Dallaire, »The End of Innocence: Rwanda, 1994«, in: Jonathan Moore (Hrsg.), *Hard Choices: Moral Dilemmas in Humanitarian Intervention*, New York, Rowman and Littlefield, 1998, S. 71–87.

41 UN Office of the Secretary-General, »Srebrenica Report«, gemäß der UNGA Resolution 53/35, 1998, 15. November 1999; siehe auch »Report of the Panel on UN Peace Operations«, UN General Assembly, 21. August 2000.

42 Siehe Michael Ignatieff, »The Dream of Albanians«, in: *New Yorker,* 11. Januar 1999; siehe auch Michael Ignatieff, »Balkan Physics«, in: *New Yorker,* 10. Mai 1999; und Human Rights Watch, *Human Rights Abuses in Kosovo,* New York: Human Rights Watch, 1993; *Humanitarian Law Violations in Kosovo,* New York: Human Rights Watch, 1998; *A Week of Terror in Drenica: Humanitarian Law Violations in Kosovo,* New York: Human Rights Watch, 1999.
43 Independent International Commission on Kosovo, *The Kosovo Report,* New York: Oxford University Press, 2000.

Menschenrechte als Fetisch

1 Elie Wiesel, »A Tribute to Human Rights«, in: Y. Danieli u. a. (Hrsg.), *The Universal Declaration of Human Rights: Fifty Years and Beyond,* Amityville, N. Y.: Baywood 1999, S. 3.
2 Nadine Gordimer, »Reflections by Nobel Lauretes«, in: Danieli u. a. (Hrsg), *Universal Declaration of Human Rights,* S. vii.
3 Katerina Dalacoura Islam, *Liberalism and Human Rights,* London: I. B. Tauris, 1998; F. Halliday, »The Politics of Islamic Fundamentalism«, in: A. S. Ahmed und H. Donnan, *Islam, Globalization and Post-Modernity,* London: I. B. Tauris, 1994; A. A. An-Na'im (Hrsg.), *Human Rights in Cross-Cultural Perspectives,* Philadelphia: University of Pennsylvania Press, 1992, Kap. 1; siehe auch Mehdi Amin Razavi und David Ambuel (Hrsg.), *Philosophy, Religion and the Question of Tolerance,* New York: SUNY Press, 1997, Kap. 4.
4 Glen Johnson und Janusz Symonides, *The Universal Declaration of Human Rights: A History of Its Creation and Implementation,* 1948–1998, Paris: UNESCO, 1998, S. 52–53.
5 Paul Gordon Lauren, *The Evolution of International Human Rights: Visions Seen,* Philadelphia: University of Pennsylvania Press, 1998, S. 8.
6 New York Times, 3. März 2000.
7 A. Pollis und P. Schwab (Hrsg.), *Human Rights: Cultural and Ideological Perspectives,* New York: Praeger, 1979, S. 1, 4; siehe auch Amitai Etzioni, »Cross Cultural Judgments: The Next Steps«, in: *Journal of Social Philosophy* 28, Nr. 3, Winter 1997.
8 Zu einer marxistischen Kritik an den Menschenrechten als bürgerlicher

Ideologie siehe Tony Evans (Hrsg.), *Human Rights Fifty Years On: A Reappraisal*, Manchester: Manchester University Press, 1998.
9 Eine scharfe Kritik an dieser Argumentation übt Ian Buruma, »The King of Singapore«, in: *New York Review*, 10. Juni 1999. Lee Kuan Yew wird in der International Herald Tribune vom 9.–10. November 1991 zitiert.
10 W. T. De Bary, *Asian Values and Human Rights: A Confucian Communitarian Perspective*, Cambridge, Harvard University Press, S. 1–16.
11 Johannes Morsink, *The Universal Declaration of Human Rights: Origins, Drafting, and Intent*, Philadelphia: University of Pennsylvania Press, 1999.
12 René Cassin, »Historique de la déclaration universelle en 1938«, in: *La Pensée et l'action*, Paris: Editions Lalou, 1972, S. 103–18; J. P. Humphrey, *Human Rights and the United Nations: A Great Adventure*, Dobbs Ferry, N. Y., Transnational, 1984, S. 46–47.
13 Michael Sandel, *Democracy's Discontents*, Cambridge: Harvard University Press, 1996.
14 Michael Ignatieff, *The Rights Revolution*, Toronto: Anansi, 2000, Kap. 3; Will Kymlicka, *Multicultural Citizenship*, Oxford: Oxford Clarendon Press, 1995.
15 Siehe Michael Ignatieff, *Die Zivilisierung des Krieges: ethnische Konflikte, Menschenrechte, Medien*, Hamburg: Rotbuch Verlag, 2000.
16 Siehe *Murder in Purdah*, BBC Television Correspondent Special, 23. Januar 1999, zusammengestellt von Giselle Portenier, produziert von Fiona Murch.
17 Jack Donnelly, »Human Rights and Asian Values: A Defense of Western Universalism«, in: Joanne R. Bauer und Daniel A. Bell (Hrsg.), *The East Asian Challenge for Human Rights*, Cambridge: Cambridge University Press, 1999, S. 86.
18 Kenneth Anderson, »Secular Eschatologies and Class Interests«, in: Carries Gustafson und Peter Juviler (Hrsg.), *Religion and Human Rights: Competing Claims*, Armonk, N. Y.: M. E. Sharpe 1999, S. 115.
19 Richard Falk, »The quest for Human Rights«, in: *Predatory Globalization: A Critique*, London: Polity 1999, Kap. 6.
20 Diese Unterscheidungen – negative Freiheit, positive Freiheit, Freiheit von, Freiheit zu – stammen von Isaiah Berlin, »Two Concepts of Liberty«, in: Henry Hardy (Hrsg.), *The Proper Study of Mankind*, London: Chatto and Windus, 1997, S. 191–243; zu »schwachen« Theorien des Guten siehe John Rawls, *Eine Theorie der Gerechtigkeit*, Berlin: Akademie Verlag, 1998.

21 Kymlicka, *Multicultural Citizenship*, S. 2–6.
22 Siehe Morsink, *The Universal Declaration of Human Rights*.
23 Charles Taylor, »Conditions of an Unforced Consensus on Human Rights«, in: Bauer und Bell, *The East Asian Challenge for Human Rights*, S. 126.
24 Avishai Margalit, *Ethik der Erinnerung*, Frankfurt am Main: Fischer Verlag, 2000. Ich danke Avishai Margalit dafür, daß ich die Manuskripte dieser Vorlesungen lesen durfte.
25 Hannah Arendt, *Elemente und Ursprünge totaler Herrschaft*, Frankfurt am Main: Europäische Verlagsanstalt, 1955, S. 480.
26 Judith N, Shklar, »The Liberalism of Fear«, in: Stanley Hoffman (Hrsg.), *Political Thought and Political Thinkers*, Chicago: University of Chicago Press, 1998, S. 3–22.
27 Isaiah Berlin, *Das krumme Holz der Humanität*, Frankfurt am Main: S. Fischer Verlag, 1992, S. 257.
28 Michael J. Perry, *The Idea of Human Rights: Four Inquiries*, New York: Oxford University Press, 1998, S. 11–41.
29 Max Stackhouse, »Human Rights and Public Theology«, in: Gustafson und Juviler, *Religion and Human Rights*, S. 13, 16.
30 Peter Singer, *Befreiung der Tiere: eine neue Ethik zur Behandlung der Tiere*, München: Hirthammer Verlag, 1982.
31 Moshe Halbertal und Avishai Margalit, *Idolatry*, Cambridge: Harvard University Press, 1992.
32 Amy Gutmann und Dennis Thompson, *Democracy and Disagreement*, Cambridge: Harvard University Press, Belknap Press, 1996.
33 Amartya Sen, »Human Rights and Economic Achievements«, in: Bauer und Bell, *The East Asian Challenge for Human Rights*, S. 92–93.
34 Amartya Sen, *Ökonomie für den Menschen: Wege zu Gerechtigkeit und Solidarität in der Marktwirtschaft*, Frankfurt am Main: Büchergilde Gutenberg, 2001. (Der englische Titel lautet: *Development as Freedom*.)
35 Paul Gordon Lauren, *Evolution of International Human Rights*, S. 11.
36 Donelly in Bauer und Bell, *The East Asian Challenge for Human Rights*, S. 68.

Zeitgeschehen bei eva

Manon Baukhage / Daniel Wendl
Tauschen statt Bezahlen
*Die Bewegung für ein Leben ohne
Geld und Zinsen*
233 Seiten, Broschur, € 12,70

Johann Philipp von Bethmann
Die Deflationsspirale
Zur Krise der Weltwirtschaft
80 Seiten, Broschur, € 6,10

Ingeborg Breuer
**Das 20. Jahrhundert-Projekt:
Kultur und Geisteswissenschaften**
Welten im Kopf
224 Seiten, TB, € 12,70

Ernest Callenbach
Ökologie von A – Z
Ein Wegweiser
Aus dem Amerikanischen von
Michael Haupt
170 Seiten, Broschur, € 12,50

Richard Fuchs /
Karl A. Schachtschneider
Spenden, was uns nicht gehört
*Das Transplantationsgesetz und die
Verfassungsklage*
240 Seiten, Broschur, € 14,50

Dirk Fust
Klimabank und Umweltbörse
Neue Wege aus der Klimamisere
160 Seiten, Broschur, € 12,70

André Gorz
Kritik der ökonomischen Vernunft
Aus dem Französischen von
Otto Kallscheuer
352 Seiten, TB, € 12,70

Bernd Guggenberger
Das digitale Nirwana
268 Seiten, Gebunden, € 18,50

Michael Ignatieff
Die Zivilisierung des Krieges
*Ethnische Konflikte, Menschenrechte,
Medien*
Aus dem Englischen von
Michael Benthack
243 Seiten, Broschur, € 17,50

Michael Ignatieff
Virtueller Krieg
Kosovo und die Folgen
Aus dem Englischen von
Angelika Hildebrandt
232 Seiten, Broschur, € 17,50

Bertrand Jordan
Alles genetisch?
Aus dem Französischen von
Bernd Wilczek und Annette Kopetzki
200 Seiten, Broschur, € 18,50

Friedrich Koch
Der Aufbruch der Pädagogik
Welten im Kopf
230 Seiten, TB, € 10,20

Bernard Lewis
Die politische Sprache des Islam
Aus dem Amerikanischen von
Susanne Enderwitz
264 Seiten, TB, € 13,-

Michael Lüders
Das Lächeln des Propheten
Eine arabische Reise
256 Seiten, TB, € 13,-

Alexander Meschnig/Mathias Stuhr
www.revolution.de
Die Kultur der New Economy
272 Seiten, Broschur, € 13,50

Maria Mies
Globalisierung von unten
*Der Kampf gegen die Herrschaft
der Konzerne*
256 Seiten, Broschur, € 13,50

Maria Mies/Claudia von Werlhof
Lizenz zum Plündern
*Das multilaterale Abkommen über
Investitionen MAI*
232 Seiten, Broschur, € 12,70

Peter Neumann
IRA
Langer Weg zum Frieden
220 Seiten, Broschur, € 14,30

Stefan Reinecke (Hg.)
Die neue NATO
*Vom Verteidigungsbündnis zur
Interventionsmacht*
170 Seiten, Broschur, € 12,70

Christiane Schulzki-Haddouti
Datenjagd im Internet
Eine Anleitung zur Selbstverteidigung
270 Seiten, Broschur, € 14,50

Rolf Schwendter
**Gesellschaftsbilder
des 20. Jahrhunderts**
240 Seiten, Broschur, € 18,50

Sybille Tönnies
Pazifismus passé?
160 Seiten, Broschur, € 12,70

Knut Urban/Günter Paul
Physik im Wandel
Welten im Kopf
190 Seiten, TB, € 8,60

Wolf Wagner
Kulturschock Deutschland
Der zweite Blick
196 Seiten, Broschur, € 12,70

Wolf Wagner
Uni-Angst und Uni-Bluff
Wie studieren und sich nicht verlieren
128 Seiten, TB, € 6,60

Tom Wilkie
Gefährliches Wissen
Sind wir der Gentechnik gewachsen?
Aus dem Englischen von Margit Enders
295 Seiten, gebunden, € 22,50

Zeitgeschichte bei eva

Dan Bar-On
Furcht und Hoffnung
*Von den Überlebenden zu den Enkeln /
Drei Generationen des Holocaust*
Aus dem Amerikanischen übersetzt
von Anne Vonderstein
Broschur, 480 Seiten

Zygmunt Bauman
Dialektik der Ordnung
Die Moderne und der Holocaust
Aus dem Englischen übersetzt
von Uwe Ahrens
eva-TB 105, 256 Seiten

Angelika Ebbinghaus/Karsten Linne (Hg.)
**Kein abgeschlossenes Kapitel:
Hamburg im »Dritten Reich«**
Broschur, 556 Seiten

Iring Fetscher
**Joseph Goebbels im Berliner
Sportpalast 1943
»Wollt ihr den totalen Krieg?«**
Broschur, 277 Seiten
auch Sonderausgabe mit CD

Hermann Field
Departure Delayed
Stalins Geisel im Kalten Krieg
Aus dem Amerikanischen übersetzt
von Jobst-Christian Rojahn
Gebunden mit Schutzumschlag, 557 Seiten

Ernst Fraenkel
Der Doppelstaat
Hersausgegeben und eingeleitet
von Alexander v. Brünneck
Broschur, 288 Seiten

Rebecca Camhi Frohmer
Das Haus am Meer
Der griechische Holocaust
Aus dem Amerikanischen übersetzt
von Michael Haupt
Broschur, 112 Seiten

Stefan Fuchs
**»Dreiecksverhältnisse sind immer
kompliziert«**
Kissinger, Bahr und die Ostpolitik
Broschur, 321 Seiten

Giorgio Galli
Staatsgeschäfte
*Affairen, Skandale, Verschwörungen.
Das unterirdische Italien 1943–1990*
Aus dem Italienischen übersetzt
von Monika Lustig
Gebunden mit Schutzumschlag, 350 Seiten

Josef Gräßle-Münscher
Terror und Herrschaft
Die Selbstbespiegelung der Macht
Broschur, 200 Seiten

Jörg Hackeschmidt
Von Kurt Blumenfeld zu Norbert Elias
Die Erfindung einer jüdischen Nation
Broschur, 374 Seiten

Jost Hermand/Wigand Lange (Hg.)
**»Wollt ihr Thomas Mann
wiederhaben?«**
Deutschland und die Emigranten
Broschur, 215 Seiten

Rainer Huhle (Hg.)
Von Nürnberg nach Den Haag
*Menschenrechtsverbrechen vor Gericht –
Zur Aktualität der Nürnberger Prozesse*
Broschur, 246 Seiten

Michael Ignatieff
Die Politik der Menschenrechte
Aus dem Englischen übersetzt von Ilse Utz
Klappenbroschur, 128 Seiten

Otto Kirchheimer
Politische Justiz
Verwendung juristischer Verfahrensmöglichkeiten zu politischen Zwecken
eva-TB 203, 687 Seiten

Rita Maran
Staatsverbrechen
Ideologie und Folter im Algerienkrieg
Aus dem Französischen übersetzt
von Linda Gränz
Gebunden mit Schutzumschlag, 368 Seiten

Özay Mehmet
Fundamentalismus und Nationalstaat
Der Islam und die Moderne
Aus dem Englischen übersetzt
von Uwe Ahrens
eva-TB 104, 360 Seiten

Hans Melderis
Geheimnis der Gene
Die Geschichte ihrer Entschlüsselung
mit Abbildungen
Gebunden mit Schutzumschlag, 193 Seiten

Ulrich Pfeiffer
Deutschland – Entwicklungspolitik für ein entwickeltes Land
Gebunden mit Schutzumschlag, 340 Seiten

Radek Sikorski
Das polnische Haus
Die Geschichte meines Landes
Aus dem Englischen übersetzt
von Anne Middelhoek
Gebunden mit Schutzumschlag, 378 Seiten

Edelgard Skowronnek
Kinder des Krieges
Spanische Bürgerkriegskinder in der Sowjetunion
Broschur, 250 Seiten

Salomon W. Slowes
Der Weg nach Katyn
Bericht eines polnischen Offiziers
Aus dem Amerikanischen übersetzt
von Michael Haupt
Broschur, 276 Seiten

Margarete Steffin
Briefe an berühmte Männer
Walter Benjamin, Bertolt Brecht, Arnold Zweig
Herausgegeben, mit einem Vorwort und mit Anmerkungen versehen von
Stefan Hauck
Gebunden mit Schutzumschlag, 358 Seiten

Rita Thalmann
Gleichschaltung in Frankreich
1940 bis 1944
Aus dem Französischen übersetzt
von Eva Groepler
Broschur, 368 Seiten

Sibylle Tönnies
Cosmopolis Now
Auf dem Weg zum Weltstaat
Broschur, 150 Seiten

Signe Zerrahn
Familien in Deutschland
Ein Frontbericht
Broschur, 152 Seiten

 *Rationen*

... zuständig für Geistesgegenwart

Seyla Benhabib
**Hannah Arendt –
Die melancholische Denkerin
der Moderne**
352 Seiten, Klappenbroschur, € 24,50

Max Charlesworth
Leben und sterben lassen
Bioethik in der liberalen Gesellschaft
224 Seiten, Klappenbroschur, € 17,50

Gerald A. Cohen
Gleichheit ohne Gleichgültigkeit
*Politische Philosophie und individuelles
Verhalten*
330 Seiten, Klappenbroschur, € 21,50

Stephen Holmes
Die Anatomie des Antiliberalismus
520 S., Klappenbroschur, € 29,50

Ted Honderich
Das Elend des Konservativismus
Eine Kritik
400 Seiten, Klappenbroschur, € 29,50

Michael Ignatieff
Wovon lebt der Mensch?
176 Seiten, Klappenbroschur, € 18,50

Michael Ignatieff
Die Politik der Menschenrechte
172 Seiten, Klappenbroschur, € 16,-

Will Kymlicka
**Multikulturalismus und
Demokratie**
*Über Minderheiten in Staaten
und Nationen*
110 Seiten, Klappenbroschur, € 12,50

Alasdair MacIntyre
Die Anerkennung der Abhängigkeit
Über menschliche Tugenden
220 Seiten, Klappenbroschur, € 18,50

Alexander Nehamas
Die Kunst zu leben
*Sokratische Reflexionen von Platon
bis Foucault*
412 Seiten, Klappenbroschur, € 24,50

Anne Phillips
Geschlecht und Demokratie
280 Seiten, Klappenbroschur, € 20,50

Sergio Quinzio
Die Niederlage Gottes
119 Seiten, Klappenbroschur, € 15,-

Léo Scheer
Virtuelle Demokratie
196 Seiten, Klappenbroschur, € 15,-

Amartya Sen
Der Lebensstandard
158 Seiten, Klappenbroschur, € 14,50

Michael Walzer
Über Toleranz
198 Seiten, Klappenbroschur, € 14,50

Michael Walzer
Lokale Kritik – Globale Standards
*Zwei Formen moralischer
Auseinandersetzung*
236 Seiten, Klappenbroschur, € 17,50

Bernard Williams
**Ethik und die Grenzen
der Philosophie**
303 Seiten, Klappenbroschur, € 16,50

Herausgegeben von Otto Kallscheuer

eva wissen 3000
... für Besserwisser

Jens Renner
1968

Karl Kopp
Asyl

Vanessa Redak/Bernd Weber
Börse

Bettina Rudhoff
Design

Martin Krauß
Doping

Henning Schmidt-Semisch/
Frank Nolte
Drogen

Thomas Seibert
Existenzialismus

Helmut Blecher
Fotojournalismus

Sabine Riewenherm
Gentechnologie

Thomas Schroedter
Globalisierung

Boris Gröndahl
Hacker

Hans Ulrich Dillmann
Jüdisches Leben nach 1945

Stephan Lanz/Jochen Becker
Metropolen

Mark Terkessidis
Migranten

Inke Arns
Netzkulturen

Hannes Koch
New Economy

Otto Diederichs
Polizei

Martin Büsser
Pop-Art

Thomas Ernst
Popliteratur

Martin Büsser
Popmusik

Marcel Feige
Science Fiction

Katja Leyrer
Sexualität

Jost Müller
Sozialismus

Wilhelm Sager
Wasser

*alle Bände: Broschur, 96 Seiten,
mit zahlreichen Abbildungen*
alle Bände: € 8,60